大家小书

唐代政治史述论稿

陈寅恪 著

北京出版集团
北京出版社

图书在版编目（CIP）数据

唐代政治史述论稿 / 陈寅恪著. — 北京 ：北京出版社，2022.5

（大家小书）

ISBN 978-7-200-16392-6

Ⅰ. ①唐… Ⅱ. ①陈… Ⅲ. ①政治制度—研究—中国—唐代 Ⅳ. ①D691.21

中国版本图书馆 CIP 数据核字（2021）第122129号

总 策 划：安　东　高立志　　项目统筹：高立志
责任编辑：王忠波　吴剑文　　责任印制：陈冬梅　燕雨萌
装帧设计：金　山

·大家小书·
唐代政治史述论稿
TANGDAI ZHENGZHI SHI SHULUN GAO
陈寅恪　著

出　　版　北京出版集团
　　　　　北京出版社
地　　址　北京北三环中路 6 号
邮　　编　100120
网　　址　www.bph.com.cn
总 发 行　北京出版集团
印　　刷　北京华联印刷有限公司
经　　销　新华书店
开　　本　880 毫米 ×1230 毫米　1/32
印　　张　7.875
字　　数　135 千字
版　　次　2022 年 5 月第 1 版
印　　次　2023 年 2 月第 2 次印刷
书　　号　ISBN 978-7-200-16392-6
定　　价　45.00 元

如有印装质量问题，由本社负责调换
质量监督电话　010-58572393

总　序

袁行霈

“大家小书”，是一个很俏皮的名称。此所谓“大家”，包括两方面的含义：一、书的作者是大家；二、书是写给大家看的，是大家的读物。所谓“小书”者，只是就其篇幅而言，篇幅显得小一些罢了。若论学术性则不但不轻，有些倒是相当重。其实，篇幅大小也是相对的，一部书十万字，在今天的印刷条件下，似乎算小书，若在老子、孔子的时代，又何尝就小呢？

编辑这套丛书，有一个用意就是节省读者的时间，让读者在较短的时间内获得较多的知识。在信息爆炸的时代，人们要学的东西太多了。补习，遂成为经常的需要。如果不善于补习，东抓一把，西抓一把，今天补这，明天补那，效果未必很好。如果把读书当成吃补药，还会失去读书时应有的那份从容和快乐。这套丛书每本的篇幅都小，读者即使细细地阅读慢慢地体味，也花不了多少时间，可以充分享受读书的乐趣。如果把它们当成补药来吃也行，剂量小，吃起来方便，消化起来也容易。

我们还有一个用意，就是想做一点文化积累的工作。把那些经过时间考验的、读者认同的著作，搜集到一起印刷出版，使之不至于泯没。有些书曾经畅销一时，但现在已经不容易得到；有些书当时或许没有引起很多人注意，但时间证明它们价值不菲。这两类书都需要挖掘出来，让它们重现光芒。科技类的图书偏重实用，一过时就不会有太多读者了，除了研究科技史的人还要用到之外。人文科学则不然，有许多书是常读常新的。然而，这套丛书也不都是旧书的重版，我们也想请一些著名的学者新写一些学术性和普及性兼备的小书，以满足读者日益增长的需求。

“大家小书”的开本不大，读者可以揣进衣兜里，随时随地掏出来读上几页。在路边等人的时候，在排队买戏票的时候，在车上、在公园里，都可以读。这样的读者多了，会为社会增添一些文化的色彩和学习的气氛，岂不是一件好事吗？

“大家小书”出版在即，出版社同志命我撰序说明原委。既然这套丛书标示书之小，序言当然也应以短小为宜。该说的都说了，就此搁笔吧。

目录

自　序

寅恪尝草《隋唐制度渊源略论稿》，于李唐一代法制诸端，妄有所论述。至于政治史事，以限于体例，未能涉及。兹稿所言则以唐代之政治史为范围，盖所以补前稿之未备也。夫吾国旧史多属于政治史类，而《资治通鉴》一书，尤为空前杰作。今草兹稿，可谓不自量之至！然区区之意，仅欲令初学之读《通鉴》者得此参考，或可有所启发，原不敢谓有唐一代政治史之纲要，悉在此三篇中也。倘承通识君子不误会创草兹稿之本旨，而纠正其讹谬，何幸如之！

壬午七夕陈寅恪书于桂林良丰雁山别墅。

上篇　统治阶级之氏族及其升降

《朱子语类》一三六《历代》类三云：

> 唐源流出于夷狄，故闺门失礼之事不以为异。

朱子之语颇为简略，其意未能详知。然即此简略之语句亦含有种族及文化二问题，而此二问题实李唐一代史事关键之所在，治唐史者不可忽视者也。兹请先论唐代三百年统治阶级中心皇室之氏族问题，然后再推及其他统治阶级之种族及文化问题。

若以女系母统言之，唐代创业及初期君主，如高祖之母为独孤氏，太宗之母为窦氏，即纥豆陵氏，高宗之母为长孙氏，皆是胡种，而非汉族。故李唐皇室之女系母统杂有胡族血胤，世所共知，不待阐述，兹所论者专以男系父统之氏族为范围也。

唐之皇室本有自撰之谱牒，原书今不可见。然如《册府元龟》及两唐书等唐皇室先世渊源之记载固出自李唐皇室自撰之谱牒，即唐太宗御撰之《晋书》亦唐皇室自述其氏族渊源之要籍。故兹依据此类唐室自叙其家世之著述，复取其他史料互相参证，以讨论此问题焉。

李唐世系之纪述，其见于《册府元龟》一《帝王部·帝系门》、《旧唐书》一《高祖纪》、《新唐书》一《高祖纪》、《北史》一〇〇《序传》及《晋书》八七《凉武昭王传》等书者，皆不及《新唐书》七〇上《宗室世系表》所载之详备，今即依此表与其他史料讨论之。表云：

〔李〕歆字士业，西凉后主。八子：勖、绍、重耳、弘之、崇明、崇产、崇庸、崇祐。重耳字景顺，以国亡奔宋，为汝南太守。后魏克豫州，以地归之，拜恒农太守，复为宋将薛安都所陷。后魏安南将军豫州刺史，生献祖宣皇帝讳熙，字孟良，后魏金门镇将（《旧唐书》一《高祖纪》云："率豪杰镇武川，因家焉。"《新唐书》一《高祖纪》同）。生懿祖光皇帝，讳天赐，字德真。三子：长曰起头，长安侯。生达摩，后周羽林监太子洗马长安县伯。次曰太祖（虎），次曰乞豆。

此表所载必出唐室自述其宗系之旧文。兹就其所纪李重耳、李熙父子事实，分析其内容，除去其为西凉李暠之正支后裔一事以外，尚有七事，条列于下：

（一）其氏为李。

（二）父为宋汝南太守。

（三）后魏克豫州，父以地归之。

（四）父为后魏恒农太守。

（五）父为宋将薛安都所陷，即所擒。

（六）父为后魏安南将军豫州刺史。

（七）子为后魏金门镇将。

考《宋书》五《文帝纪》云：

〔元嘉〕二十七年二月辛巳索虏寇汝南诸郡，陈、南顿二郡太守郑琨，汝阳、颍川二郡太守郭道隐委守走。索虏攻悬瓠城，行汝南郡事陈宪拒之。

又同书七二《南平穆王铄传》云：

索虏大帅拓拔焘南侵陈颍，遂围悬瓠城，太守陈宪保城自固。

又同书七七《柳元景传》略云：

〔元嘉〕二十七年八月〔随王〕诞遣振威将军尹显祖出赀谷，奋武将军鲁方平、建武将军薛安都、略阳太守庞法起入卢氏（中略）。〔闰〕十月法起、安都、方平诸军入卢氏（中略）。法起诸军进次方伯堆，去弘农城五里（中略）。诸军造攻具，进兵城下。伪弘农太守李初古拔婴城自固，法起、安都、方平诸军鼓噪以陵城（中略）。安都军副谭金、薛係孝率众先登，生禽李初古拔父子二人（中略）。殿中将军邓盛、幢主刘骖乱使人入荒田，招宜阳人刘宽纠，率合义徒二千余人，共攻金门坞，屠之。杀戍主李买得，古拔子也，为虏永昌王长史，勇冠戎类。永昌闻其死，若失左右手。

又同书九五《索虏传》略云：

〔元嘉〕二十七年，焘自率步骑十万寇汝南（中略）。宣威将军陈、南顿二郡太守郑绲（《文帝纪》作琨），绥远将军汝南、颍川二郡太守郭道隐并弃城奔走。虏掠抄淮西六郡，杀戮甚多。攻围悬瓠城，城内战士不满千人。先是，汝南、新蔡二郡太守徐遵之去郡，南平王遣左军行参军陈宪行郡事，宪婴城固守（中略）。焘遣从弟永昌王库仁真步骑万余将所略六郡口北屯汝阳（中略）。太祖嘉宪固守，诏曰："右军行参军行汝南、新蔡二郡军事陈宪尽力捍卫，全城摧寇，忠敢之效宜加显擢，可龙骧将军汝南、新蔡二郡太守！"

又《魏书》六一《薛安都传》云：

后自卢氏入寇弘农，执太守李拔等，遂逼陕城。时秦州刺史杜道生讨安都，仍执拔等南遁。及世祖（拓拔焘）临江，拔乃得还。

据上引史实，则父称李初古拔，子称李买得，名虽类胡名，姓则为汉姓，其氏既为李，是与上列第一条适合。李初古拔为弘农太守，弘农即恒农，后魏以避讳故改称恒农，是与第四条适合。李初古拔为宋将薛安都所擒，是与第五条适合。

《宋书·柳元景传》言："生擒李初古拔父子"，《魏书·薛安都传》言："执李拔等，仍执拔等南遁。及世祖临江，拔乃得还"，则李初古拔当不止一子，殆买得死难，以弟或兄代领其职，今不能确知。但《册府元龟》一《帝王部·帝系》门及两唐书一《高祖纪》等书李熙率豪杰镇武川因而留居之记载，乃后来宇文泰所改造，并非事实，俟后详论之。总之，李熙为金门镇将，李买得亦为金门坞戍主，地理专名如是巧同，亦可认为与第七条适合，至于北魏诸镇设置之时代及其地望等问题则别为一事，非兹所讨论者也。又第二条李重耳为宋汝南太守一事，征诸上引史实，绝不可能。盖既言："为宋将薛安都所陷"，其时必在元嘉二十七年。当时前后宋之汝南太守其姓名皆可考知，郭道隐则弃城走，徐遵之则去郡，陈宪则先行郡事，后以守城功擢补实官。故依据时日先后，排比推计，实无李重耳可为宋汝南太守之余地。据《宋书·柳元景传》言"李买得为永昌王长史，永昌闻其死，若失左右手"，则李氏父子与永昌王关系密切可以推知。《宋书·索虏传》又言："永昌王北屯汝阳"，考《资治通鉴》系永昌王屯汝阳事于元嘉二十七年三月，系李初古拔被擒事于元嘉二十七年闰十月，而汝阳县本属汝南郡，后别分为汝阳郡者，故以时日先后、地理接近及人事关系论，李初古拔殆于未被擒以前曾随永昌王屯兵豫州之境，因有汝南太守之授。然则此唐室谱牒所言之汝南太守实非宋之汝南太守，乃由魏之汝南太守所修改而成者也。第六条之安南将军豫州刺史当即与第二条有关，检《册府元龟》一《帝王部·帝系》门之文，豫州刺史之上有“赠”字，是豫州刺史乃后来追赠之官，故于此不成问题，可不讨论矣。《魏书·薛安都传》言：“〔安都〕仍执〔李〕拔等南遁。及世祖临江，拔乃得还”，是李初古拔原有自北至南复自南还北一段因缘，李唐自述先世故实，竟或因此加以修改，以傅会李重耳之由北奔南，又由南归北耶？幸赖其与他种记载符合及矛盾，留一罅隙，千载而后遂得以发其覆也。

复次，《魏书·薛安都传》之李拔即《宋书·柳元景传》李初古拔之省称及雅名。《梁书》五六《侯景传》载景之祖名周，而《南史》八〇《侯景传》作羽乙周，正与此同例。盖胡人名字原是对音，故成繁鄙，异于华夏之雅称，后代史官属文，因施删略。夫侯景称帝，七世庙讳父祖之外皆王伟追造（见《梁书·南史·侯景传》），天下后世传为笑谈。岂知李唐皇室先世之名字亦有与此略相类似者乎？又据《魏书》四二《薛辩传附长子初古拔传》（《北史》三六《薛辩传》同）云：

长子初古拔，一曰车辂拔（《北史》辂作毂），本名洪祚，世祖赐名。

同书三二《高湖传》亦附载高各拔之名。然则初古拔或车辂拔乃当日通常胡名，颇疑李初古拔如其同时薛洪祚之例，亦本有汉名，特以胡名著称于史耳。

总而言之，前所列之七条，第一、第四、第五、第七四条之中，李重耳父子事实皆与李初古拔父子事实适合。第六条乃第二条之附属，无独立性质，可不别论。第二条、第三条实互相关连，第五条既言："为宋将薛安都所陷"，则元嘉二十七年南北交兵之际李氏父子必属于北，而不属于南，否则何得谓为宋将所擒？故今易原文之刘宋为后魏，则第二、第三条之事实不独不与其他诸条相反，而且与之相成。况其他诸条中涵有"元嘉二十七年"一定之时间、"李氏""薛安都"之姓名专名、"弘农""金门"之地理专名，而竟能两相符应，天地之间似无如此偶然巧值之事。故今假定李唐为李初古拔之后裔，或不至甚穿凿武断也。

抑更有可论者，据《唐会要》一"帝号"条上云：

献祖宣皇帝讳熙（凉武昭王暠曾孙，嗣凉王歆孙，弘农太守重耳之子也）。武德元年六月二十二日追尊为宣简公，咸亨五年八月十五日追尊宣皇帝，庙号献祖，葬建初陵（在赵州昭庆县界，仪凤二年五〔？〕月一日追封为建昌陵，开元二十八年七月十八日诏改为建初陵）。

懿祖光皇帝讳天赐（宣皇帝长子）。武德元年六月十二日追尊懿王，咸亨五年八月十五日追尊光皇帝，庙号懿祖，葬启运陵（在赵州昭庆县界，仪凤二年三〔？〕月一日追封为延光陵，开元二十八年七月十八日诏改为启运陵）。

《元和郡县图志》一七（参阅《旧唐书》三九《地理志》，及《新唐书》三九《地理志》“赵州昭庆县”条）：

赵州。

昭庆县，本汉广阿县，属巨鹿郡。

皇十三代祖宣皇帝建初陵。高四丈，周回八十丈。

皇十二代祖光皇帝启运陵。高四丈，周回六十步。二陵共茔，周回一百五十六步。在县西南二十里。

《册府元龟》一《帝王部·帝系》门略云：

唐高祖神尧皇帝姓李氏，陇西狄道人。其先出自李暠，是为凉武昭王，薨，子歆嗣位，为沮渠蒙逊所灭。歆子重耳奔于江南，仕宋为汝南郡守，复归于魏，拜弘农太守，赠豫州刺史。生熙，起家金门镇将。后以良家子镇于武川，都督军戎百姓之务，终于位，因家焉。生天赐，仕魏为幢主，大统时赠司空。生太祖景皇帝虎，封赵郡公，徙封陇西公；周受魏禅，录佐命功，居第一，追封唐国公。生世祖元皇帝昺，在位十七年，封汝阳县伯，袭封陇西公；周受禅，袭封唐国公。高祖即元皇帝之世子，母曰元贞皇后，七岁袭封唐国公，义宁二年受隋禅。

今河北省隆平县尚存唐光业寺碑，碑文为开元十三年宣义郎前行象城县尉杨晋所撰，中央研究院历史语言研究所藏有拓本，颇残阙不可读。兹取与黄彭年等修《畿辅通志》一七四《古迹略》所载碑文相参校，而节录其最有关之数语于下：

（上略）皇祖瀛州刺史宣简公谨追上尊号，谥宣皇帝，皇祖妣夫人张氏追上尊号，谥宣庄皇后。皇祖懿王谨追上尊号，谥光皇帝，皇祖妣妃贾氏谨追上尊号，谥光懿皇后（中略）。词曰：维王桑梓，本际城池（下略）。

案：李熙、天赐父子共茔而葬，即族葬之一证。光业寺碑颂词复有“维王桑梓”之语，则李氏累代所葬之地即其家世居住之地，绝无疑义，而唐皇室自称其祖留居武川之说可不攻自破矣。又据《魏书》一〇六上《地形志》“南赵郡广阿县”条、《隋书》三〇《地理志》“赵郡大陆县”条及《元和郡县图志》一七“赵州昭庆县”条等，知李氏父子葬地旧属巨鹿郡，与山东著姓赵郡李氏居住之旧常山郡壤地邻接，李虎之封赵郡公当即由于此也。又《汉书》二八《地理志》载中山国唐县有尧山，《魏书》一〇六上《地形志》载南赵郡广阿县即李氏父子葬地复有尧台。李虎死后，追封唐国公，盖止取义于中山、巨鹿等地所流传之放勋遗迹，并非如通常广义兼该太原而言也。至《大唐创业起居注》所云：

> 初，帝奉诏为太原道安抚大使，帝以太原黎庶陶唐旧民，奉使安抚不逾本封，因私喜此行以为天意。

则为后来依附通常广义之解释，殊与周初追封李虎为唐国公时暗示其与赵郡相关之本旨不同也。然则李唐岂真出于赵郡耶？若果为赵郡李氏，是亦华夏名家，又何必假称出于陇西耶？考《元和郡县图志》一五云：

邢州。

尧山县，本曰柏人，春秋时晋邑，战国时属赵，秦灭赵，属巨鹿郡，后魏改“人”为“仁”，天宝元年改为尧山县。

又同书一七云：

赵州。

平棘县，本春秋时晋棘蒲邑，汉初为棘蒲，后改为平棘也，属常山郡。

李左车墓在县西南七里。

赵郡李氏旧宅在县南二十里，即后魏以来山东旧族也，亦谓之三巷李家云。东祖居巷之东，南祖居巷之南，西祖居巷之西，亦曰三祖宅巷也。三祖李氏亦有地属高邑县。

元氏县，本赵公子元之封邑，汉于此置元氏县，属常山郡，西汉常山太守皆理于元氏。

开业寺，在县西北十五里，即后魏车骑大将军陕定二州刺史尚书令司徒公赵郡李徽伯之旧宅也。

柏乡县，本春秋时晋鄗邑之地，汉以为县，属常山郡，后汉改曰高邑，属常山国，齐天保七年移高邑县于汉房子县东北界，今高邑县是也。

高邑县故城在县北二十一里，本汉鄗县地也。

高邑县，本六国时赵房子之地，汉以为县，属常山郡。

赞皇县，本汉鄗邑县之地，属常山郡。

百陵岗，在县东十里，即赵郡李氏之别业于此岗下也，岗上亦有李氏茔冢甚多。

昭庆县，本汉广阿县，属巨鹿郡。

皇十三代祖宣皇帝建初陵。

皇十二代祖光皇帝启运陵，二陵共茔，在县西南二十里。（昭庆县条前已引及，为便于解说起见，特重出其概略于此。）

《元和郡县图志》著者李吉甫出于赵郡李氏，故关于其宗族之先茔旧宅皆详载之，若一取其分布之地域核之，则赵郡李氏其显著支派所遗留之故迹，俱不出旧常山郡之范围。据此，则赵郡李氏显著支派当时之居地可以推知也。但其衰微支派则亦有居旧巨鹿郡故疆者，考《北史》三三《李孝伯传》末附载赵郡李氏世系一节（《新唐书》七二《宰相世系表》“赵郡李氏”条及邓名世《古今姓氏书辨证》二一同）云：

楷避赵王伦之难，徙居常山。楷子辑，辑子慎、敦，居柏仁，子孙甚微。

案柏仁、广阿二县，后魏时俱属南赵郡，土壤邻接，实可视为一地域。赵郡李氏子孙甚微之一支，其徙居柏仁之时代虽未能确定，然李楷避西晋赵王伦之难，下数至其孙慎及敦，仅有二代，则李慎、李敦徙居柏仁，约在江左东晋之时。李熙父子俱葬于广阿，计其生时亦约当南朝宋齐之世，故以地域邻接及时代先后二者之关系综合推论，颇疑李唐先世本为赵郡李氏柏仁一支之子孙，或者虽不与赵郡李氏之居柏仁者同族，但以同姓一姓同居一地之故，遂因缘攀附，自托于赵郡之高门，衡以南北朝庶姓冒称士族之惯例，殊为可能之事。总而言之，据可信之材料，依常识之判断，李唐先世若非赵郡李氏之“破落户”即是赵郡李氏之“假冒牌”。至于有唐一代之官书，其记述皇室渊源间亦保存原来真实之事迹，但其大部尽属后人讳饰夸诞之语，治史者自不应漫无辨别，遽尔全部信从也。

又《魏书》九九《私署凉王李暠传》本不载重耳南奔始末，传世之《十六国春秋纂录》六《西凉录》亦无其事。而汤球之《十六国春秋辑补》转取唐修《晋书》之《凉武昭王传》添此一段蛇足（见汤书叙例），殊为无识。今敦煌本之《十六国春秋》残卷惜未得见，不知与此有关否？至于伪本《十六国春秋》载重耳事采自唐修《晋书》更不足辨论矣。

复次，《周书》四《明帝纪》（《北史》九《明帝纪》同）云：

> 二年三月庚申诏曰："三十六国九十九姓，自魏氏南徙，咸称河南之民。今周室既都关中，宜改称京兆人。"

《隋书》三三《经籍志》史部谱序篇序云：

> 后魏迁洛，有八氏十姓，咸出帝族；又有三十六族，则诸国之从魏者；九十二（九？）姓世为部落大人者，并为河南洛阳人。其中国士人则第其门阀，有四海大姓、郡姓、州姓、县姓；及周太祖入关，诸姓子孙有功者，并令为其宗长，仍撰谱录，纪其所承，又以关内诸州为其本望。

据上引史文，严格解释，则《隋志》之文自"后魏迁洛"至"并为河南洛阳人"止一节，专指胡人而言，其本末见于《魏书》一一三《官氏志》等即魏孝文帝改胡姓为汉姓之事也。《周书》《北史》周明帝二年（公元五五八年）三月庚申诏书亦指胡人而言，明帝二年在魏孝武帝入关之年（公元五三四年）后二十四年，在西魏恭帝元年（公元五五四年）改有功诸将姓为胡姓（事见《周书》二《文帝纪·下》、《北史》九《周本纪·上》）后亦四年，故从入关之迁洛诸胡族其改京兆郡望当在有功诸汉将改关内郡望之后也。

又《隋志》之文自“其中国士人”至“又以关内诸州为其本望”止一节，实专指汉人而言。然则李唐之称西凉嫡裔，即所谓“并令为其宗长，仍撰谱牒，纪其所承”，其改赵郡郡望为陇西郡望，即所谓“又以关内诸州为其本望”，岂非寅恪之假说得此史文而益证实耶？所不解者，昔人于此何以未尝留意？抑别有其他较胜之说耶？此则深愿求教于博识通人也。

复次，《唐会要》三“皇后”条（开元十三年光业寺碑文及巴黎图书馆藏敦煌写本伯希和号第二千五百零四唐代祖宗忌日表等均同）云：

> 宣皇帝（熙）皇后张氏。
>
> 光皇帝（天赐）皇后贾氏。
>
> 景皇帝（虎）皇后梁氏。
>
> 元皇帝（昺）皇后独孤氏。

据此，张贾皆是汉姓，其为汉族，当无可疑。梁氏如梁御之例，虽有出自胡族之嫌疑（见《周书》一九、《北史》五九《梁御传》，又《魏书》一一三《官氏志》云：“拔列氏后改为梁氏”），但梁氏本为汉姓，大部分皆是汉族，未可以其中有极少数出自胡族之故，遽概括推定凡以梁为氏者皆属胡族也。故李虎妻梁氏在未能确切证明其氏族所出以前，仍目之为汉族，似较妥慎。然则李唐血统其初本是华夏，其与胡夷混杂，乃一较晚之事实也。

兹依据上述资料，作一李唐皇室血统世系表，起自李熙，迄于世民，以备参考。至李重耳则疑本无其人，或是李初古拔之化身，故不列入，以示阙疑之意。凡女统确知为汉族者，标以□符号；确知为胡族者，标以～～～符号；虽有胡族嫌疑，但在未发见确证，仍可认为汉族者，则标以……符号。

李熙	天赐	虎	昺	渊	世民
张氏	贾氏	梁氏	独孤氏	窦氏	长孙氏

兹依据上引资料及其解释，再将李唐世系先后改易之历程及胡汉文化问题加以说明。此世系改易之历程，实不限于李唐皇室一族，凡多数北朝、隋唐统治阶级之家，亦莫不如是，斯实中国中古史上一大问题，亦史学中千载待发而未发之覆也。

自鲜卑拓拔部落侵入中国统治北部之后，即开始施行汉化政策，如解散部落同于编户之类（见《北史》八〇《魏书》八三上《外戚传·贺讷传》、《北史》九八《魏书》一〇三《高车传》及《魏书》一一三《官氏志》等），其尤显著之例也。此汉化政策其子孙遵行不替，及魏孝文帝迁都洛阳，其汉化程度更为增高，至宣武、孝明之世，则已达顶点，而逐渐腐化矣。然同时边塞六镇之鲜卑及胡化之汉族，则仍保留其本来之胡化，而不为洛都汉化之所浸染。故中央政权所在之洛阳其汉化愈深，则边塞六镇胡化民族对于汉化之反动亦愈甚，卒酿成六镇之叛乱，尔朱部落乘机而起。至武泰元年（公元五二八年）四月十三日河阴之大屠杀，遂为胡人及胡化民族反对汉化之公开表示，亦中古史划分时期之重要事变也。六镇鲜卑及胡化汉族既保持胡部特性，而不渐染汉化，则为一善战之民族，自不待言。此民族以饥馑及虐政之故激成叛乱，南向迁徙，其大部分辗转移入高欢统治之下（见《北齐书》一《神武纪·上》、《北史》六《齐本纪·上》、《隋书》二四《食货志》）。故欢之武力遂无敌于中原，终借此以成其霸业。其他之小部分，由贺拔岳、宇文泰率领西徙，割据关陇，亦能抗衡高氏，分得中国西北部之地，成一北朝东西并峙之局，此治史者所习知也。然宇文氏只分有少数之六镇民族，复局促于关陇一隅之地，终能并吞分有多数六镇民族及雄据山东富饶区域之高齐，其故自非仅由一二君主之贤愚及诸臣材不材之所致，盖必别有一全部系统之政策，为此东西并立之二帝国即周齐两朝胜败兴亡决定之主因，可以断言也。

宇文泰率领少数西迁之胡人及胡化汉族割据关陇一隅之地，欲与财富兵强之山东高氏及神州正朔所在之江左萧氏共成一鼎峙之局，而其物质及精神二者力量之凭借，俱远不如其东南二敌，故必别觅一途径，融合其所割据关陇区域内之鲜卑六镇民族，及其他胡汉土著之人为一不可分离之集团，匪独物质上应处同一利害之环境，即精神上亦必具同出一渊源之信仰，同受一文化之熏习，始能内安反侧，外御强邻。而精神文化方面尤为融合复杂民族之要道。在此以前，秦苻坚、魏孝文皆知此意者，但秦魏俱欲以魏晋以来之汉化笼罩全部复杂民族，故不得不亟于南侵，非取得神州文化正统所在之江东而代之不可，其事既不能成，仅余一宇文泰之新途径而已。此新途径即就其割据之土依附古昔，称为汉化发源之地（魏孝文之迁都洛阳，意亦如此，惟不及宇文泰之彻底，故仍不忘南侵也），不复以山东江左为汉化之中心也，其详具于拙著《隋唐制度渊源略论稿》，兹不赘论。此宇文泰之新途径今姑假名之为“关中本位政策”，即凡属于兵制之府兵制及属于官制之周官皆是其事。其改易随贺拔岳等西迁有功汉将之山东郡望为关内郡望，别撰谱牒，纪其所承（见前引《隋书》三三《经籍志》谱序篇序），又以诸将功高者继塞外鲜卑部落之后（见《周书》二《文帝纪·下》及《北史》九《周本纪·上》“西魏恭帝元年”条等），亦是施行“关中本位政策”之例证，如欲解决李唐氏族问题当于此中求之也。

概括言之，宇文泰改易氏族之举，可分先后二阶段：第一阶段则改易西迁关陇汉人中之山东郡望为关内郡望，以断绝其乡土之思（初只改易汉人之山东郡望，其改易胡人之河南郡望为京兆郡望，则恐尚在其后，见前引《周书》四《明帝纪》及《北史》九《周本纪·上》明帝二年三月庚申诏书），并附会其家世与六镇有关，即李熙留家武川之例，以巩固其六镇团体之情感。此阶段当在西魏恭帝元年（公元五五四年）复魏孝文帝所改鲜卑人之胡姓及赐诸汉将有功者以胡姓之前，凡李唐改其赵郡郡望为陇西，伪托西凉李暠之嫡裔及称家于武川等，均是此阶段中所为也。第二阶段即西魏恭帝元年诏以诸将之有功者继承鲜卑三十六大部落及九十九小部落之后，凡改胡姓诸将所统之兵卒亦从其主将之胡姓，径取鲜卑部落之制以治军，此即府兵制初期之主旨（详见拙著《隋唐制度渊源略论稿·兵制》章，兹不赘论）。李唐之得赐姓大野，即在此阶段中所为也。至周末隋文帝专周政，于大象二年（公元五八〇年）十二月癸亥回改胡姓复为汉姓，其结果只作到回复宇文氏第二阶段之所改，而多数氏族仍停留于第一阶段之中，此李唐所以虽去大野之胡姓，但仍称陇西郡望及冒托西凉嫡裔也。职是之故，北朝、隋唐史料中诸人之籍贯往往分歧，如与李唐先世同列八大柱国之李弼一族，《周书》一五《李弼传》、《旧唐书》五三《李密传》（密为弼之曾孙）、一三〇《李泌传》（泌为弼之六代孙），及《新唐书》七二上《宰相世系表》俱以为辽东襄平人，而《北史》六〇《李弼及曾孙密传》、《文苑英华》九四八魏徵撰《李密墓志铭》则以为陇西成纪人。盖公私著述叙及籍贯或仅据回复至第一阶段立言，或径依本来未改者为说，斯其所以彼此差异也。但隋唐两朝继承宇文氏之遗业，仍旧施行“关中本位政策”，其统治阶级自不改其歧视山东人之观念（见《旧唐书》七八、《新唐书》一〇四《张行成传》）。故隋唐皇室亦依旧自称弘农杨震、陇西李暠之嫡裔，伪冒相传，迄于今日，治史者竟无一不为其所欺，诚可叹也（据《新唐书》七一下《宰相世系表》“杨氏”条，隋皇室自称为弘农杨震长子牧之后。此即《隋书·经籍志》所谓“今为其宗长，仍撰谱牒，纪其所承，又以关内诸州为其本望”者。以非本篇范围，故不详论，读者可以依据有关史料类推也）。

复次，汉人与胡人之分别，在北朝时代文化较血统尤为重要。凡汉化之人即目为汉人，胡化之人即目为胡人，其血统如何，在所不论。兹举二例以证明之：

《北齐书》二四《杜弼传》（《北史》五五《杜弼传》同）云：

> 显祖（高洋）尝问弼云：“治国当用何人？”对曰：“鲜卑车马客，会须用中国人。”显祖以为讥己。

夫高齐无论其母系血统属于何种，但其自称及同时之人均以为其家世出自渤海蓨县，固当日华夏之高门也。至于其所渐染者则为胡化，而非汉化。杜弼斥鲜卑，而高洋以为讥己，是汉人之受胡化者，即自命为胡人也。

又《北史》二八《源贺传》（参考《魏书》四一《源贺传》、《北齐书》五〇《恩幸传·高阿那肱传》，至《隋书》六六《源师传》删去“汉儿”二字，殊失当时语意矣）略云：

> 源贺，西平乐都人，私署河西王秃发傉檀之子也。傉檀为乞伏炽盘所灭，贺自乐都奔魏，太武素闻其名，谓曰：“卿与朕同源，因事分姓，今可为源氏。”（寅恪

案：鲜卑秃发部即拓拔部，一语异译，故拓拔焘谓之同源也。）

〔玄孙〕师仕齐为尚书左外兵郎中，又摄祠部。后属孟夏，以龙见请雩。时高阿那肱为录尚书事，谓为真龙出见，大惊喜，问龙所在，云作何颜色。师整容云："此是龙星初见，依礼当雩祭郊坛，非谓真龙别有所降。"阿那肱忿然作色曰："汉儿多事，强知星宿。"祭事不行。

夫源师乃鲜卑秃发氏之后裔，明是胡人无疑，而高阿那肱竟目之为汉儿，此为北朝汉人、胡人之分别，不论其血统，只视其所受之教化为汉抑为胡而定之确证，诚可谓"有教无类"矣。

又此点为治吾国中古史最要关键，若不明乎此，必致无谓之纠纷。《资治通鉴》一七一"陈宣帝·太建五年"，亦记此事，胡注云：

诸源本出于鲜卑秃发，高氏生长于鲜卑，自命为鲜卑，未尝以为讳，鲜卑遂自谓贵种，率谓华人为汉儿，率侮诟之。诸源世仕魏朝贵显，习知典礼，遂有雩祭之请，冀以取重，乃以取诟。《通鉴》详书之，又一慨也。

梅磵之说固是，又其言别有所感，然于北朝汉胡种族文化之问题似犹不免未达一间也。

李唐皇室者唐代三百年统治之中心也，自高祖、太宗创业至高宗统御之前期，其将相文武大臣大抵承西魏、北周及隋以来之世业，即宇文泰“关中本位政策”下所结集团体之后裔也。自武曌主持中央政权之后，逐渐破坏传统之“关中本位政策”，以遂其创业垂统之野心。故“关中本位政策”最主要之府兵制，即于此时开始崩溃，而社会阶级亦在此际起一升降之变动。盖进士之科虽创于隋代，然当日人民致身通显之途径并不必由此。及武后柄政，大崇文章之选，破格用人，于是进士之科为全国干进者竞趋之鹄的。当时山东、江左人民之中，有虽工于为文，但以不预关中团体之故，致遭屏抑者，亦因此政治变革之际会，得以上升朝列，而西魏、北周、杨隋及唐初将相旧家之政权尊位遂不得不为此新兴阶级所攘夺替代。故武周之代李唐，不仅为政治之变迁，实亦社会之革命。若依此义言，则武周之代李唐较李唐之代杨隋其关系人群之演变，尤为重大也。

武周统治时期不久，旋复为唐，然其开始改变“关中本位政策”之趋势，仍继续进行。迄至唐玄宗之世，遂完全破坏无遗。而天宝安史乱后又别产生一新世局，与前此迥异矣。

夫“关中本位政策”既不能维持，则统治之社会阶级亦必有变迁。此变迁可分中央及藩镇两方叙述。其所以须有此空间之区别者，因唐代自安史乱后，名义上虽或保持其一统之外貌，实际上则中央政府与一部分之地方藩镇，已截然划为二不同之区域，非仅政治军事不能统一，即社会文化亦完全成为互不关涉之集团，其统治阶级氏族之不同类更无待言矣。盖安史之霸业虽俱失败，而其部将及所统之民众依旧保持其势力，与中央政府相抗，以迄于唐室之灭亡，约经一百五十年之久，虽号称一朝，实成为二国。史家述此，不得不分之为二，其理由甚明也。

又《旧唐书》一四《宪宗纪·上》（参考《通鉴》二三七“元和二年”此条胡注及《唐会要》六三“修撰”条）云：

> 元和二年十二月己卯，史官李吉甫撰《元和国计簿》，总计天下方镇凡四十八，管州府二百九十五，县一千四百五十三，户二百四十四万二百五十四，其凤翔、鄜坊、邠宁、振武、泾原、银夏、灵盐、河东、易定、魏博、镇冀、范阳、沧景、淮西、淄青十五道凡七十一州，不申户口。每岁赋入倚办止于浙江东西、宣歙、淮南、江西、鄂岳、福建、湖南等八道，合四十九州，一百四十四万户。比量天宝供税之户则四分有一，天下兵

戎仰给县官者八十三万余人，比量天宝士马，则三分加一，率以两户资一兵，其他水旱所损，征科发敛又在常役之外。吉甫都纂其事，成书十卷。

同书一九下《僖宗纪》略云：

〔光启元年三月〕丁卯车驾〔自蜀〕至京师，时李昌符据凤翔，王重荣据蒲陕，诸葛爽据河阳、洛阳，孟方立据邢洺，李克用据太原、上党，朱全忠据汴滑，秦宗权据许蔡，时溥据徐泗，朱瑄据郓齐、曹濮，王敬武据淄青，高骈据淮南八州，秦彦据宣歙，刘汉宏据浙东，皆自擅兵赋，迭相吞噬，朝廷不能制。江淮转运路绝，两河、江淮赋不上供，但岁时献奉而已。国命所能制者，河西、山南、剑南、岭南四道数十州。大约郡将自擅，常赋殆绝，藩侯废置，不自朝廷，王业于是荡然。

寅恪案：李吉甫所撰《元和国计总簿》虽在元和初年，然自安史乱后起，迄于唐亡，其所列中央政府财赋取办之地域大致无甚殊异。唐代自安史乱后，长安政权之得以继续维持，除文化势力外，仅恃东南八道财赋之供给。至黄巢之乱既将此东南区域之经济几全加破坏，复断绝汴路、运河之交通，而奉长安文化为中心、仰东南财赋以存立之政治集团，遂不得不土崩瓦解。大唐帝国之形式及实质，均于是告终矣。

在此奉长安文化为中心、恃东南财赋以存立集团之中，其统治阶级为此集团所占据地域内之二种人：一为受高深文化之汉族，且多为武则天专政以后所提拔之新兴阶级，所谓外廷之士大夫，大抵以文词科举进身者也；一为受汉化不深之蛮夷，或蛮夷化之汉人，故其人多出自边荒区域。凡自玄宗朝迄唐亡，一百五十年间身居内廷，实握政治及禁军之权者皆属此族，即阉寺之特殊阶级是也。

自武则天专政破格用人后，外廷之显贵多为以文学特见拔擢之人。而玄宗御宇，开元为极盛之世，其名臣大抵为武后所奖用者（参考《旧唐书》一三九《陆贽传》、《新唐书》一五二《李绛传》、《陆宣公奏议》七《请许台省长官举荐状》及《李相国论事集》等）。及代宗大历时常衮当国，非以辞赋登科者莫得进用。自德宗以后，其宰相大抵皆由当日文章之士由翰林学士升任者也。请举史实以证之。

《通典》一五《选举典·三》载沈既济之言略云：

> 初国家自显庆以来，高宗圣躬多不康，而武太后任

事，参决大政，与天子并。太后颇涉文史，好雕虫之艺，永隆中始以文章选士。及永淳之后太后君临天下二十余年，当时公卿百辟无不以文章达，因循日久浸以成风。至于开元、天宝之中，太平君子唯门调户选，征文射策，以取禄位，此行己立身之美者也。父教其子，兄教其弟，无所易业，大者登台阁，小者任郡县，资身奉家，各得其足，五尺童子耻不言文墨焉。其以进士为士林华选，四方观听希其风采，每岁得第之人不浃辰而周闻天下，故忠贤隽彦、韫才毓行者咸出于是。而桀奸无良者或有焉，故是非相陵，毁称相胜，或扇结钩党，私为盟歃，以取科第，而声名动天下，或钩摭隐匿，嘲为篇咏，以列于道路，迭为谈訾，无所不至焉。

据此，可知进士之科虽设于隋代，而其特见尊重，以为全国人民出仕之唯一正途，实始于唐高宗之代，即武曌专政之时。及至玄宗，其局势遂成凝定，迄于后代，因而不改。故科举制之崇重与府兵制之破坏俱起于武后，成于玄宗。其时代之符合，决非偶然也。但以事关府兵制度，兹不具论（见拙著《隋唐制度渊源略论稿·兵制》章及《玉海》一三八《兵制·三》所引《邺侯家传》）。至王定保以为进士之科“甲于贞观”（《唐摭言》一《述进士·上》篇）及“进士科盛于贞观永徽之际”（同书同卷“散序进士”条），则稽之史实，有所未合。其言不及沈氏之可信，无待论也。

《旧唐书》一一九《常衮传》云：

> 尤排摈非辞赋登科者。

同书同卷《崔祐甫传》云：

> 常衮当国，非以辞赋登科者莫得进用。

同书四三《职官志》“翰林院”条略云：

> 玄宗即位，张说、张九龄等召入禁中，谓之翰林待诏。四方进奏，中外表疏批答，或诏从中出，宸翰所挥，亦资其检讨，谓之视草。故尝简当代士人，以备顾问。至德以后，天下用兵，军国多务，深谋密诏皆从中出，尤择名士为翰林学士，得充选者，文士为荣。亦如中书舍人例置学士六人，内择年深德重者一人为承旨，所以独承密命故也。德宗好文，尤难其选，贞元以后为学士承旨者，多

至宰相焉。

《元氏长庆集》五一《翰林承旨学士记》略云：

宪宗章武皇帝以永贞元年即大位，始命郑公（郑絪）为承旨学士，位在诸学士上。十七年间由郑至杜（杜元颖）十一人，而九参大政。

《白氏长庆集》五九《李留守相公（李绛）见过池上泛舟举酒话》及《翰林旧事因成四韵以献》之诗（参考《容斋续笔》二“元和六学士”条）云：

同时六学士，五相一渔翁。

据此，可知唐代自安史乱后，其宰相大抵为以文学进身之人。此新兴阶级之崛起，乃武则天至唐玄宗七八十年间逐渐转移消灭宇文泰以来胡汉六镇民族旧统治阶级之结果。若取《新唐书·宰相表》及《宰相世系表》与列传所载其人之家世籍贯及出身等互相参证，于此三百年间外廷士大夫阶级废兴转移之大势尤易明了也。至此由文学科举进身之新兴阶级与魏晋、北朝以来传统旧士族之关系，则于论党派时详述之，兹不涉及焉。

唐代自玄宗后，政柄及君权渐转入阉寺之手，终至皇位之继承权归其决定，而内朝之禁军外廷之宰相，俱供其指挥，由之进退，更无论矣。其详当于中篇论《政治革命及党派分野》时述之，兹仅略言其氏族所从出之一端于下：

《旧唐书》二〇下《哀帝纪》云：

> 天佑二年六月丙申敕：福建每年进橄榄子，此因阉竖出自闽中，牵于嗜好之间，遂成贡奉之典。虽嘉忠荩，伏恐烦劳。今后只供进蜡面茶，其进橄榄子宜停！

《新唐书》二〇七《宦者传·吐突承璀传》云：

> 是时诸道岁进阉儿，号私白，闽岭最多，后皆任事，当时谓闽为中官区薮。咸通中杜宣猷为观察使，每岁时遣吏致祭其先，时号“敕使墓户”。宣猷卒用群宦力，徙宣歙观察使。

《顾况古诗》（据《全唐诗》第十函）云：

《囝》一章。

囝哀闽也（原注：囝音蹇。闽俗呼子为囝，父为郎罢）。

囝生闽方。闽吏得之，乃绝其阳。为臧为获，致金满屋。为髡为钳，视如草木。天道无知，我罹其毒。神道无知，彼受其福。郎罢别囝，吾悔生汝。及汝既生，人劝不举。不从人言，果获是苦。囝别郎罢，心摧血下。隔地及天，及至黄泉，不得在郎罢前。

宦寺多冒养父之姓，其籍贯史籍往往不载，然即就两唐书《宦官》及《宦者传》中涉及其出生地域或姓氏稀异者观之，亦可知其梗概也。

《旧唐书》一八四《宦官传》云：

杨思勖本姓苏，罗州石城人，为内官杨氏所养，以阉从事内侍省。

高力士，潘州人，本姓冯，少阉，与同类金刚二人圣历元年岭南讨击使李千里进入宫。则天嘉其黠慧，令给事左右。后因小过，挞而逐之。内官高延福收为假子，延福出自武三思家，力士遂往来三思第，岁余则天复召入禁中。

《新唐书》二〇七《宦者传·上》云：

> 鱼朝恩，泸州泸川人也，天宝末以品官给事黄门。
>
> 刘贞亮本俱氏，名文珍，冒所养宦父姓，故改焉。
>
> 吐突承璀，闽人也，以黄门值东宫。
>
> 仇士良，循州兴宁人，顺宗时得侍东宫。
>
> 杨复光，闽人也，本乔氏，少养于内侍杨玄价家。

同书二〇八《宦者传·下》云：

> 田令孜，蜀人也，本陈氏，咸通时历小马坊使。

据此，可知唐代阉寺多出自今之四川、广东、福建等省，在当时皆边徼蛮夷区域。其地下级人民所受汉化自甚浅薄，而宦官之姓氏又有不类汉姓者，故唐代阉寺中疑多是蛮族或蛮夷化之汉人也。

唐代中国疆土之内，自安史乱后，除拥护李氏皇室之区域，即以东南财富及汉化文化维持长安为中心之集团外，尚别有一河北藩镇独立之团体，其政治、军事、财政等与长安中央政府实际上固无隶属之关系，其民间社会亦未深受汉族文化之影响，即不以长安、洛阳之周孔名教及科举仕进为其安身立命之归宿。故论唐代河北藩镇问题必于民族及文化二端注意，方能得其真相所在也。兹先举二三显著之例，以见当时大唐帝国版图以内实有截然不同之二分域，然后再推论其种族与统治阶级之关系焉。

杜牧《樊川集》六《唐故范阳卢秀才墓志》云：

> 秀才卢生名霈，字子中，自天宝后三代或仕燕，或仕赵，两地皆多良田畜马，生年二十未知古有人曰周公、孔夫子者，击球饮酒，马射走兔，语言习尚无非攻守战斗之事。

《通典》四〇《职官典》末载杜佑建中时所上省用议（参《新唐书》一六六《杜佑传》）略云：

> 今田悦之徒并是庸琐，繁刑暴赋，唯恤军戎，衣冠仕（士）人遇如奴虏。

此可以代表河北社会通常情态，其尚攻战而不崇文教。质言之，即渐染胡化深而汉化浅也。当时汉化之中心在长安，以诗赋举进士致身卿相为社会心理群趋之鹄的。故当日在长安文化区域内有野心而不得意之人，至不得已时惟有北走河朔之一途。《昌黎集》二〇《送董邵南游河北序》乃世所习诵之文，兹为阐明长安集团与河北集团政治文化对立之形势起见，仍移写之于下，并略诠释，以佐证鄙说。至韩退之不以董邵南河北之行为然之意固极明显，不待解说也。其文云：

> 燕赵古称多感慨悲歌之士。董生举进士，连不得志于有司，怀抱利器，郁郁适兹土，吾知其必有合也。董生勉乎哉！

据此，可知在长安文化统治下之士人，若举进士不中，而欲致身功名之会者，舍北走河朔之外，则不易觅其他之途径也。

其文又云：

> 夫以子之不遇时，苟慕义强仁者皆爱惜焉，矧燕赵之士出乎其性者哉！然吾尝闻风俗与化移易，吾恶知其今不异于古所云邪？聊以吾子之行卜之也，董生勉乎哉！

据前引杜牧之《范阳卢秀才墓志》“语言习尚无非攻守战斗”之句及此序“风俗与化移易”之语，可知当日河北社会全是胡化，非复东汉、魏晋、北朝之旧。若究其所以然之故，恐不于民族迁移一事求之不得也，请俟后论之。

其文又云：

> 吾因子有所感矣，为我吊望诸君之墓！而观于其市，复有昔时屠狗者乎？为我谢曰："明天子在上，可以出而仕矣！"

然则长安天子与河北镇将为对立不同之二集团首领，观此数语，即可知矣。

又《全唐诗》第五函《李益小传》（参《旧唐书》一三七、《新唐书》二〇三《文艺传·下·李益传》、《唐诗纪事》三〇、《全唐诗话》二、辛文房《唐才子传·李益传》等）云：

> 李益字君虞，姑臧人，大历四年登进士第，授郑县尉，久不调，益不得意。北游河朔，幽州刘济辟为从事。尝与济诗，有怨望语。宪宗时召为秘书少监集贤殿学士，自负才地，多所凌忽，为众不容。谏官举幽州诗句，降居散秩。

考益之《献刘济诗》云：

草绿古燕州，莺声引独游。雁归天北畔，春尽海西头。向日花偏落，驰年水自流。感恩知有地，不上望京楼。

据此，又可知虽已登进士第之李益以不得意之故犹去京洛，而北走范阳；则董邵南之游河北盖是当日社会之常情，而非变态。然于此益见大唐帝国之后半期其中含有两独立敌视之团体，而此二团体之统治阶级，其种族文化亦宜有不同之点在也。

今试检《新唐书》之《藩镇传》，并取其他有关诸传之人其活动范围在河朔或河朔以外者以相参考，则发现二点：一为其人之氏族本是胡类，而非汉族；一为其人之氏族虽为汉族，而久居河朔，渐染胡化，与胡人不异。前者属于种族，后者属于文化。质言之，唐代安史乱后之世局，凡河朔及其他藩镇与中央政府之问题，其核心实属种族文化之关系也。夫河北之地，东汉、曹魏、西晋时固为文化甚高区域，虽经胡族之乱，然北魏至隋其地之汉化仍未见甚衰减之相，何以至玄宗文治灿烂之世，转变为一胡化地域？其故殊不易解。兹就安史叛乱发源之地域及其时代先后之关系综合推计，设一假说，以俟更详确之证明。即使此假说一时难以确定成立，但安史叛乱及其后果即河朔藩镇之本质，至少亦可因此明了也。

当玄宗文治武功极盛之世，渔阳鼙鼓一鸣，而两京不守。安禄山之霸业虽不成，然其部将始终割据河朔，与中央政府抗衡，唐室亦从此不振，以至覆亡。古今论此役者止归咎于天宝政治宫廷之腐败，是固然矣；独未注意安史之徒乃自成一系统最善战之民族，在当日军事上本来无与为敌者也。考安禄山之种族在其同时人之著述及专纪其事之书中，均称为拓羯或羯胡，如：

《旧唐书》一〇《肃宗纪》云：

> 是日（天宝十五载七月甲子）御灵武南门，下制曰：“乃者羯胡乱常，京阙失守。”（《旧唐书》一二〇《郭子仪传》载建中二年德宗褒恤之诏有“羯胡作祸”，《新唐书》一九二《忠义传·张巡传》亦有“拓羯千骑”之语，至杜甫《喜官军已临贼境二十韵》诗所谓“拓羯渡临洮”之拓羯，虽非指安禄山，但亦可为旁证参考也。）

又同书一〇四《封常清传》略云：

先锋至葵园，常清使骁骑与拓羯逆战，杀贼数十百人。临终时表曰：“昨者与羯胡接战。”

又《颜鲁公集》六《康金吾碑目安禄山为羯胡，姚汝能安禄山事迹》一书亦多羯胡之语，若杜工部《咏怀古迹》之诗其“羯胡事主终无赖”之句，则不仅用梁侯景之古典（如《梁书》五五《武陵王纪传》云：“羯胡叛涣”，即是一例），实兼取今事入之于诗也。

考玄奘《西域记》一“飒秣建国（即康国）”条云：

兵马强盛，多是赭羯之人，其性勇烈，视死如归。

《新唐书》二二一下《西域传·康国传》云：

本月氏人，始居祁连北昭武城，为突厥（寅恪案：突厥应作匈奴，《唐会要》九九“康国”条云：“其人土著役属于突厥，先居祁连之北昭武城，为匈奴所破。”宋子京盖涉上文突厥之语致误也）所破，稍南依葱岭，即有其地，枝庶分王：曰安，曰曹，曰石，曰米，曰何，曰火寻，曰戊地，曰史，世谓九姓，皆氏昭武。

又同书同卷《安国传》云：

募勇健者为拓羯，拓羯犹中国言战士也（寅恪案：上引《西域记》之文有“赭羯之人”一语，然则赭羯乃种族之名，此云“犹中国言战士”，若非宋景文误会，即后来由专名引申为公名耳）。

又同书同卷《石国传》云：

石或曰柘支，曰柘折，曰赭时。

据此，可知赭羯即拓羯之异译，凡康安石等中亚月氏种人，皆以勇健善战著闻者也。《旧唐书》二〇〇上《安禄山传》云：

安禄山，营州柳城杂种胡人也。

《旧唐书》所谓杂种胡之确切界说尚待详考，但《新唐书》二二五上《逆臣传·安禄山传》云：

安禄山，营州柳城胡也，本姓康，母阿史德，少孤，随母嫁安延偃，乃冒姓安，通六蕃语，为互市郎。

寅恪案：安禄山事迹上引《郭子仪雪安思顺疏》，谓安禄山本姓康。今敦煌写本天宝丁籍亦有康、安、石等姓以羯为称者（见《历史与地理杂志》第三三编第四卷“天宝十载丁籍”及同书第四一编第四卷“天宝四载丁籍”），故安禄山父系之为羯胡，即中亚月氏种可无疑矣。至史思明之种族则《新唐书》二二五上《逆臣传·史思明传》云：

史思明，宁夷州突厥种，与安禄山共乡里，通六蕃译，亦为互市郎。

疑史思明非出中亚胡种者。然《旧唐书》二〇〇《安禄山传》云：

安禄山，营州柳城杂种胡人也（前已引，兹为论述便利起见，特重及之）。

同书同卷《史思明传》云：

史思明，宁夷州突厥杂种胡人也。

又《旧唐书》一〇四《哥舒翰传》（《新唐书》一三五《哥舒翰传》同）略云：

哥舒翰，突骑施首领哥舒部落之裔也。翰母尉迟氏，于阗之族也。〔安禄山〕谓翰曰："我父是胡，母是突厥，公父是突厥，母是胡，与公族类同，何不相亲乎？"

据此类史料，初视之，似当时所谓杂种胡人者即指混合血统胡族，如哥舒翰等之例。但更详考史传，则知当时杂种胡人之称实径指昭武九姓月支种而言，如《新唐书》二一七上《回鹘传》（参《通鉴》二二六"建中元年八月甲午张光晟杀突董"条）云：

始回纥至中国，常参以九姓胡，往往留京师，至千人，居赀殖产甚厚。酋长突董翳蜜施、大小梅录等还国，装橐系道。

所言与《旧唐书》一二七《张光晟传》云：

建中元年回纥突董、梅录领众并杂种胡等自京师还国，舆载金帛相属于道。

者同是一事，而旧传之所谓杂种胡即九姓胡，可为确证。然则《旧唐书》之称安禄山为杂种胡人者，实指其九姓胡而言，又其目史思明为突厥杂种胡人者，殆以其父系为突厥，而母系为羯胡，故曰“突厥杂种胡人”也。观于史思明与安禄山俱以通六蕃语为互市郎，正是具有中亚胡种血统之特征。至其以史为姓者，盖从父系突厥姓阿史德或阿史那之省称，不必为母系昭武九姓之史也。

又考安史生长之地即营州，在开元之初已多中亚贾胡，如《旧唐书》一八五下《良吏传·宋庆礼传》（《新唐书》一三〇《宋庆礼传》同）略云：

初营州都督府置在柳城，控带奚、契丹，则天时都督赵文翙政理乖方，两蕃反叛，攻陷州城，其后移于幽州东二百里渔阳城安置。开元五年奚、契丹各款塞归附，玄宗欲复营州于旧城，乃诏庆礼等更于柳城筑营州城，俄拜庆礼御史中丞兼检校营州都督，开屯田八十余所，追拔幽州及渔阳、淄青等户，招辑商胡，为立店肆。

此必其时营州区域之内或其近傍颇有西域贾胡，庆礼始能招辑之也。故营州一地在开元以前已多中亚胡人，可知之矣。

更试一检《新唐书·安禄山传》（参考《安禄山事迹》），如言：

> 潜遣贾胡行诸道，岁输百万。

及

> 凡降蕃夷皆接以恩，禄山通夷语，躬自尉抚，皆释俘囚为战士，故其下乐输死，所战无前。

等，则安禄山利用其中亚胡种商业语言特长之例证也。

又如言：

> 养同罗降契丹曳落河八千人为假子。

及

> 禄山已得〔阿〕布思之众，则兵雄天下。

则安禄山利用其混合血统胡人之资格，笼络诸不同之善战胡族，以增强其武力之例证也。

故据《新唐书》一一八《韦凑传附见素传》云：

> 明年（天宝十四载），禄山表请蕃将三十二人代汉将，帝许之。见素不悦，谓〔杨〕国忠曰："禄山反状暴天下，今又以蕃代汉，难将作矣。"未几，禄山反。

可知禄山之举兵与胡汉种族武力问题有关也。至《旧唐书》一〇六《李林甫传》（《新唐书》二二三上《奸臣传·李林甫传》同，又《大唐新语》一一《惩戒》篇及《谀佞》篇尤可参校）云：

> 国家武德、贞观以来，蕃将如阿史那社尔、契苾何力忠孝有才略，亦不专委大将之任，多以重臣领使以制之。开元中，张嘉贞、王晙、张说、萧嵩、杜暹皆以节度使入知政事。林甫固位，志欲杜出将入相之源，尝奏曰："文士为将怯当矢石，不如用寒族蕃人。蕃人善战有勇，寒族

即无党援。”帝（玄宗）以为然，乃用〔安〕思顺代林甫领〔朔方节度〕使。自是高仙芝、哥舒翰皆专任大将，林甫利其不识文字，无入相由。然而禄山竟为乱阶，由专得大将之任故也。

其寒族蕃人一语涉及唐代统治阶级全部，俟后论之。然安史叛乱之关键，实在将领之种族，则可与《新唐书》韦见素一传互相证发也。

又《旧唐书》一九九上《东夷传·高丽传》（《新唐书》一一〇《泉男生传附献诚传》同）云：

〔泉〕献诚授右卫大将军，兼令羽林卫上下。天授中，则天尝内出金银宝物，令宰相及南北衙文武官内择善射者五人共赌之。内史张光辅先让献诚为第一，献诚复让右玉钤卫大将军薛土摩支，摩支又让献诚。既而献诚奏曰：“陛下令简能射者五人，所得者多非汉官。臣恐自此以后，无汉官工射之名。伏望停寝此射。”则天嘉而从之。

寅恪案：泉献诚、薛土摩支皆蕃将也。武则天时，蕃将之武艺已远胜于汉人，于此可见。《邺侯家传》言府兵制之破坏实始于则天时，此亦一旁证。盖宇文泰所鸠合之六镇关陇胡汉混合集团至武曌时已开始崩溃，不待玄宗朝，而汉将即此混合集团之首领，其不如蕃将之善战已如此矣。至泉献诚为盖苏文之孙，男生之子，亡国败降之余裔，其武伎精妙犹称当时第一，则高丽之以东隅小国能屡抗隋唐全盛之日倾国之师，岂无故哉！岂无故哉！

复次，《新唐书》一二七《张嘉贞传附弘靖传》（《旧唐书》一二九《张延赏传附弘靖传》同，但无“俗谓禄山、思明为二圣”之语）略云：

> 充卢龙节度使，始入幽州，俗谓禄山、思明为二圣。弘靖惩始乱，欲变其俗，乃发墓毁棺，众滋不悦。幽蓟初效顺，不能因俗制变，故范阳复乱。

寅恪案：圣人者唐俗称天子之语。如《通鉴》二二二“上元二年三月”条（《旧唐书》二〇〇上、《新唐书》二二五上《史思明传附朝义传》略同）略云：

> 〔史〕朝义泣曰：“诸君善为之，勿惊圣人！”（寅恪案：此圣人指思明言。）

胡注云：

当时臣子谓其君父为圣人。

盖安史俱称帝，故在其统治之下者率以圣人称之，自无足异。所可注意者，穆宗长庆初上距安史称帝时代已六七十年，河朔之地，禄山、思明犹存此尊号，中央政府官吏以不能遵循旧俗，而致变叛，则安史势力在河朔之深且久，于此可见。兹节录两唐书所载安史同时并后来河朔及其他藩镇胡化事迹于下，其种族、文化二者之关系不待解释，自然明了。至其人前后逆顺贤否虽各有不同，但非此篇所论范围，故不置言也。

其血统确有胡族分子者，如《旧唐书》二〇〇上《安禄山传附孙孝哲传》（《新唐书》二二五上《逆臣传》同）云：

孙孝哲，契丹人也。

《新唐书》二一〇《藩镇魏博史宪诚传》（《旧唐书》一八一《史宪诚传》同）云：

史宪诚，其先奚也，内徙灵武，为建康人，三世署魏博将。

同书二一一《藩镇镇冀李宝臣传》（《旧唐书》一四二《李宝臣传》同）云：

> 李宝臣本范阳内属奚也，善骑射，范阳将张锁高畜为假子，故冒其姓，名忠志，为卢龙府果毅。

同书同卷《王武俊传》（《旧唐书》一四二《王武俊传》同）云：

> 王武俊本出契丹怒皆部，父路俱，开元中与饶乐府都督李诗等五千帐求袭冠带。入居蓟。年十五，善骑射，与张孝忠齐名，隶李宝臣帐下为裨将。

同书同卷《王廷凑传》（《旧唐书》一四八《王廷凑传》同）云：

> 王廷凑本回纥阿布思之族，隶安东都护府，曾祖五哥之，为李宝臣帐下，骁果善斗，王武俊养为子，故冒姓

王，世为裨将。

同书二一二《藩镇卢龙李怀仙传》（《旧唐书》一四三《李怀仙传》同）云：

李怀仙，柳城胡也，世事契丹，守营州，善骑射，智数敏给，禄山之反，以为裨将。

同书同卷《李茂勋传》（《旧唐书》一八〇《李可举传》同）云：

李茂勋本回纥阿布思之裔，张仲武时与其侯王皆降，资沈勇善驰射，仲武器之，任以将兵，常乘边，积功赐姓及名。

同书二一三《藩镇淄青李正己传》（《旧唐书》一二四《李正己传》同）云：

李正己，高丽人，为营州副将，从侯希逸入青州，希逸母即其姑。

同书一四四《侯希逸传》（《旧唐书》一二四《侯希逸传》同）云：

> 侯希逸，营州人，天宝末为州裨将，守保定城。禄山反，以徐归道为节度使，希逸率兵与安东都护王玄志斩之，诏拜玄志平卢节度使。玄志卒，共推希逸，有诏就拜节度使。与贼确，数有功，然孤军无援，又为奚侵略，乃拔其军二万，浮海入青州，据之，平卢遂陷，肃宗因以希逸为平卢、淄青节度使。自是淄青常以平卢冠使。

据上引《李正已传》，知侯希逸至少其母系出自高丽，虽其初不从安禄山之命，然其种族固含有胡人血脉，其部下兵众亦是胡化集团。是以自李正已袭夺其业后，淄青一镇亦与河朔同风，遂为唐代中央政府之巨患。推求其故，实由其统治者本从河朔胡化集团中分出者也。

《新唐书》一四八《张孝忠传》（《旧唐书》一四一《张孝忠传》同）云：

> 张孝忠本奚种，世为乙失活酋长。父谧，开元中提众纳款。孝忠始名阿劳，以勇闻。燕赵间共推张阿劳、王

没诺干二人齐名。没诺干，王武俊也。天宝末以善射供奉仗内，安禄山奏为偏将。禄山、史思明陷河洛，常为贼前锋；朝义败，乃自归。

同书二二四上《叛臣传·李怀光传》（《旧唐书》一二一《李怀光传》同）云：

李怀光，渤海靺鞨人，本姓茹，父常，徙幽州，为朔方部将，以战多赐姓，更名嘉庆。怀光在军以积劳为都虞候，节度使郭子仪以纪纲委怀光。

寅恪案：李怀光乃朔方军将，属于别一系统不在河朔范围，然以其先尝居幽州，故亦附及之。至唐室中兴元勋李光弼，则《新唐书》一三六其本传（《旧唐书》一一〇《李光弼传》略同）云：

李光弼，营州柳城人，父楷洛以武后时入朝。

是亦出于东北胡族，且与安禄山同乡里，不过政治上适立于相反之地位耳。

以上诸人皆确为胡族无复疑义。又有实为汉人，或虽号汉族，而带胡种嫌疑未能决定者，兹并列之于下。其要点在无论实为汉人或有胡族之嫌疑，其人必家世或本身居住河朔，久已胡化，故亦与胡人无异者也。如《新唐书》二一〇《藩镇魏博传田承嗣传》（《旧唐书》一四一《田承嗣传》同）云：

田承嗣，平州卢龙人也，世事卢龙军，以豪侠闻，隶安禄山麾下。

《旧唐书》一四一《田弘正传》（《新唐书》一四八《田弘正传》同）略云：

田弘正祖延恽，魏博节度使承嗣之季父也。弘正善骑射，为衙内兵马使，既受节钺，上表曰："臣家本边塞，累代唐人，驱驰戎马之乡，不睹朝廷之礼，伏自天宝已还，幽陵肇乱，山东奥壤，悉化戎墟，官封代袭，刑赏自专。"

《新唐书》二一〇《藩镇魏博何进滔传》（《旧唐书》一八一《何进滔传》同）云：

何进滔，灵武人，世为本军校，少客魏，委质军中。

寅恪案：前引《新唐书·西域传》，昭武九姓中有何姓，何进滔又从灵武徙居于魏，故疑其先世是羯胡，其本身又居魏，而当时魏地亦胡化区域也。

《旧唐书》一八一《韩允忠传》（《新唐书》二一〇《藩镇魏博韩君雄传》同）云：

韩允忠，魏州人也，父国昌，历本州右职。

同书同卷《乐彦祯传》（《新唐书》二一〇《藩镇魏博乐彦祯传》同）云：

乐颜祯，魏州人也，父少寂，历澶、博、贝三州刺史。

同书同卷《罗弘信传》（《新唐书》二一〇《藩镇魏博罗弘信传》同）云：

罗弘信，魏州贵乡人，曾祖秀，祖珍，父让，皆为本州军校。

据《北梦琐言》五中书蕃“人事”条，罗亦胡姓，然则罗弘信不独世居胡化之地，且有本出胡族之嫌疑矣。

《新唐书》二二五中《逆臣传·朱泚传》（《旧唐书》二〇〇下《朱泚传》同）云：

> 朱泚，幽州昌平人，父怀珪事安史二贼。

《旧唐书》一四三《朱滔传》（《新唐书》二一二《藩镇卢龙朱滔传》同）云：

> 朱滔，贼泚之弟也。

《新唐书》二一二《藩镇卢龙朱克融传》（《旧唐书》一八〇《朱克融传》同）云：

> 朱克融，滔孙也。

《旧唐书》一四三《刘怦传》（《新唐书》二一二《藩镇卢龙刘怦传》同）云：

刘怦，幽州昌平人也，父贡尝为广边大斗军使，怦即朱滔姑之子。

《新唐书》二一二《藩镇卢龙李载义传》（《旧唐书》一八〇《李载义传》同）云：

李载义自称恒山愍王之后，性矜荡，好与豪杰游，力挽强搏斗，刘济在幽州高其能，引补帐下。

寅恪案：李载义之称承乾后裔，固出依托，即使其真出自承乾，亦与河朔诸汉将同为胡化之汉人也。

《新唐书》二一二《藩镇卢龙杨志诚传》（《旧唐书》一八〇《杨志诚传》同）云：

〔杨〕志诚者事〔李〕载义为牙将，载义走，因自为都兵马使，〔大和〕八年为下所逐，推部将史元忠总留后。

寅恪案：杨志诚、史元忠之氏族史传不详，无以确言，但俱为胡化之人，则无可疑者。突厥阿史那氏、阿史德氏皆省作史氏，中亚昭武九姓中有史氏，史宪诚本奚族，亦姓史氏（见前引两唐书《史宪诚传》），故史元忠殊有源出胡族之嫌疑也。

《新唐书》二一二《藩镇卢龙张仲武传》（《旧唐书》一八〇《张仲武传》同）云：

> 张仲武，范阳人，通《左氏春秋》，会昌初为雄武军使。〔陈〕行泰杀〔史〕元忠，而仲武遣其属吴仲舒入朝，请以本军击回鹘。〔李〕德裕因问北方事，仲舒曰："行泰（及杀行泰之张）绛皆游客，人心不附；仲武旧将张光朝子，年五十余，通书习戎事，性忠义，愿归款朝廷旧矣。"德裕入白帝，擢兵马留后，绛为军中所逐。

寅恪案：陈行泰、张绛始末不详，可不置论。张仲武受汉化较深，在河朔颇为例外，然迹其所以得军心者，以本为范阳土著，且家世旧将，而陈行泰、张绛俱是游客，故不能与之争，然非李文饶之策略，仲武亦未必遽得为镇将也。

《新唐书》二一二《藩镇卢龙张允伸传》（《旧唐书》一八〇《张公素传》同）云：

> 张允伸，范阳人，世为军校。

同书同卷《张公素传》（《旧唐书》一八〇《张公素传》同）云：

公素，范阳人，以列将事〔张〕允伸。

同书同卷《李全忠传》（《旧唐书》一八〇《李全忠传》同）云：

李全忠，范阳人，仕为棣州司马，罢归，事〔李〕可举为牙将，可举死，众推为留后。

同书同卷《刘仁恭传》云：

刘仁恭，深州人，父晟客范阳，为李可举新兴镇将，故仁恭事军中。

《旧唐书》一八〇《朱克融等传》末略云：

史臣曰：彼幽州者，其民刚强，近则染禄山、思明之风，二（？）百余年自相崇树，虽朝廷有时命帅，而士人多务逐君，习苦忘非，尾大不掉，非一朝一夕之故也。

《新唐书》二一三《藩镇横海程日华传》（《旧唐书》一四三《程日华传》同）云：

程日华，定州安喜人，父元皓为安禄山帐下，伪署定州刺史，故日华籍本军，为张孝忠牙将。

同书同卷《李全略传》（《旧唐书》一四三《李全略传》同）云：

李全略事〔镇州〕王武俊为偏裨。

同书二一四《藩镇彰义吴少诚传》（《旧唐书》一四五《吴少诚传》同）云：

吴少诚，幽州潞人（父为魏博节度都虞候）。

同书同卷《吴少阳传》（《旧唐书》一四五《吴少阳传》同）云：

少阳者，与〔吴〕少诚同在魏博军，相友善，少诚得淮西，多出金帛邀之，养以为弟，署右职，亲近无间。

同书同卷《藩镇泽潞刘悟传》（《旧唐书》一六一《刘悟传》同）云：

刘悟其祖正臣，平卢军节度使，袭范阳，不克，死。

寅恪案：《旧唐书》一四五《刘全谅传》（《新唐书》一五一《董晋传附陆长源传》同）略云：

父客奴由征行家于幽州之昌平，少有武艺，从平卢军，〔天宝〕十五载四月授客奴平卢军使，仍赐名正臣，袭范阳，为逆贼将史思明等大败之，正臣奔归，为王玄志所鸩而卒。

据此，知刘氏亦家于幽州昌平，渐染胡化者也。

《旧唐书》一二二《张献诚传》（《新唐书》一三三《张守珪传附献诚传》同）云：

张献诚，陕州平陆人，幽州大都督府长史守珪之子也，天宝末陷逆贼安禄山，受伪官，连陷史思明，为思明守汴州，统逆兵数万。

同书一二四《薛嵩传》（《新唐书》一一一《薛仁贵传附嵩传》同）云：

薛嵩，绛州万泉人，祖仁贵，高宗朝名将，封平阳郡公，父楚玉，为范阳平卢节度使。嵩有膂力，善骑射，不知书，自天下兵起，束身戎伍，委质逆徒。

寅恪案：张献诚、薛嵩虽俱大臣子孙，又非河朔土著，然以其父官范阳之故，少居其地，渐染胡化，竟与田承嗣之徒无别。甚哉风俗之移人若是，而河朔当日社会文化情状，亦可想见矣。

《旧唐书》一二四《令狐彰传》（《新唐书》一四八《令狐彰传》同）云：

令狐彰，京兆富平人也，父濞，初任范阳县尉，通幽州人女，生彰，及秩满，留彰于母氏，彰遂少长范阳，善弓矢，乃策名从军。事安禄山。

同书同卷《田神功传》（《新唐书》一四八《田神功传》同）云：

田神功，冀州人也，家本微贱，天宝末为县里胥，会河朔兵兴，从事幽蓟。

《新唐书》一四八《康日知传》云：

康日知，灵州人，祖植，当开元时缚康待宾，平六胡州，日知少事李惟岳，累擢赵州刺史。

寅恪案：以康日知姓氏及籍贯言之，当亦中亚胡种也。
《新唐书》一四八《牛元翼传》云：

牛元翼，赵州人，王承宗时，与傅良弼冠诸将。
良弼清河人，以射冠军中。

《旧唐书》一四五《李忠臣传》（《新唐书》二二四下

《叛臣传·李忠臣传》同）云：

李忠臣本姓董，名秦，平卢人也，世家于幽州蓟县。忠臣少从军，事幽州节度使薛楚玉、张守珪、安禄山等。

同书同卷《李希烈传》（《新唐书》二二五中《逆臣传·李希烈传》同）云：

李希烈，辽西人，少从平卢军，后从李忠臣浮海至河南。

综上所引诸人氏族或确是汉人，或有胡种嫌疑，或为唐室大臣子孙，或出微贱之族，其于中央政府或忠或叛，复有先后顺逆等之互异。要而言之，家世或本身曾留居河朔及长于骑射二事则大抵相类，斯实河朔地域之胡化演变所致者也。《新唐书》一四八《史孝章传》载其谏父宪诚之言曰：

天下指河朔若夷狄然。

又同书二一〇《藩镇传》序云：

遂使其人由羌狄然，讫唐亡百余年率不为王土。

故不待五代之乱，神州东北一隅如田弘正所谓“悉化戎墟”矣（见上引《田弘正传》）。尤可异者，即在李唐最盛之时即玄宗之世，东汉、魏晋、北朝文化最高之河朔地域，其胡化亦已开始，此点自昔史家鲜有解释，兹试作一假说，以待将来之确证，然私心殊未敢自信也。

依据上列史料，知神州东北一隅河朔地域之内，其人民血统属于汉种者，既若是之胡化，则其地必有胡族之迁徙无疑。凡居东北与河朔有关之胡族如高丽、东突厥（《唐会要》《旧唐书》俱谓之北突厥，盖旧称如此）、回纥、奚、契丹之类移居于与其部落邻近之地，如河朔区域，自有可能，而于事理亦易可通者也。独中国东北隅河朔之地而有多数之中亚胡人，甚为难解。若彼辈远自西北万里之外短期之内忽然迁移至东北端滨海之区，恐不可能。姑就旧史所载者考之，似有三因：其远因为隋季之丧乱，其中因为东突厥之败亡，其近因或主因为东突厥之复兴。所谓隋季之丧乱者，即《旧唐书》九三《唐休璟传》（《新唐书》一一一《唐休璟传》略同）略云：

授营州户曹。调露中单于突厥背叛，诱扇奚、契丹侵略州县，后奚、羯胡又与桑乾突厥同反，都督周道务遣休璟将兵击破之，超拜丰州司马。永淳中朝议欲罢丰州，休璟上疏曰："丰州自秦汉以来，列为郡县，隋季丧乱，不能坚守，乃迁徙百姓就宁庆二州，致使戎羯交侵，乃以灵夏为边界。贞观之末始募人以实之，西北一隅方得宁谧。"

寅恪案：中亚羯胡必经由中国西北，而渐至东北。在隋末中国扰乱之世最为中亚胡人逐渐转徙之良机会，两唐书《唐休璟传》或可于此事略露消息也。惟《新唐书·唐休璟传》及《通鉴》二〇二"调露元年十月"条俱无"奚、羯胡与桑乾突厥同反"之语，又《新唐书·唐休璟传》虽亦作"戎羯交侵"，而《通鉴》二〇三"弘道元年五月"条改"戎羯"为"胡虏"，固以"戎羯"为泛称（见《后汉书》四八《吴盖陈臧传》论章怀太子注），然于此恐不免疏误也。然则调露前后中国东北部已有不少羯胡，而羯胡之迁徙实由隋季侵入西北，辗转移来，此于事实颇为合理者也。所谓东突厥之败亡者，即戈本《贞观政要》九《安边》篇略云：

自突厥颉利破后，诸部落首领来降者皆拜将军中郎将，布列朝廷，五品以上百余人，殆与朝士相半。唯拓拔不至，又遣使招慰之，使者相望于道。凉州都督李大亮以为于事无益，徒费中国，上疏云云，太宗不纳。

寅恪案：《通典》一九七《边防典·突厥传上》与此同，盖皆源出《太宗实录》也。惟无“太宗不纳”之句，当是杜氏略去。又“拓拔”作“拓羯”，尚未经后人误改。《旧唐书》六二及《新唐书》九九《李大亮传》纪此事，俱只举酋长之名，而《通鉴》一九三“贞观四年秋九月”条则不著酋长之名，而以“西突厥”一语概括之，盖拓羯一种原在西突厥范围内也。又两唐书《大亮传》俱言太宗从大亮之请，与《贞观政要》不合，鄙意《吴书》似得其实，而两唐书《大亮传》乃后来修饰之词，故君卿于此阙疑耶？然则东突厥之败亡，必有少数拓羯因之东徙者矣。所谓东突厥之复兴者，即综考上引史料，诸胡人入居河朔或归降中国之时代大抵在武则天及唐玄宗开元之世。而此三十年间中国东北方胡族之活动其最有关大局者，莫过于东突厥之复兴，即骨咄禄、默啜兄弟武力之开拓远及中亚，竟取西突厥帝国之领部置于其管制下之事实也。关于东突厥自颉利于贞观时破灭后至骨咄禄而复兴之始末，非此所能详及，兹惟就两唐书所载东突厥复兴与西突厥关系之史料略引一二，以供推证焉。

《旧唐书》一九四上《北突厥传》（《新唐书》二一五上《突厥传》同）略云：

骨咄禄，颉利之疏属，自立为可汗，以其弟默啜为杀，骨咄禄天授中病卒。

骨咄禄死时子尚幼，默啜遂篡其位，自立为可汗。

默啜立其弟咄悉匐为左厢察，骨咄禄子默矩为右厢察，各主兵马二万余人，又立其子匐俱为小可汗，仍主处木昆等十姓。（寅恪案：《旧唐书》一九四下《西突厥传》云："其国分为十部，每部仍令一人统之，号为十设，每设赐以一箭，故称十箭焉。又分十箭为左右厢，其左厢号为五咄陆，其右厢号为五弩失毕。五咄陆部落居于碎叶以东，五弩失毕部落居于碎叶以西，自是都号为十姓部落。其咄陆有五啜，一曰处木昆啜云云。"）兵马四万余人，又号为拓西可汗。

初默啜景云中率兵西击娑葛，破灭之。契丹及奚自神功之后常受其征役，其地东西万余里，控弦四十万，自颉利之后最为强盛，自恃兵威，虐用其众，默啜既老，部落渐多逃散。

〔开元〕四年默啜又北讨九姓拔曳固，战于独乐河，拔曳固大败，默啜负胜轻归，而不设备，遇拔曳固进卒颉质略于柳林中，突出击默啜，斩之。

同书同卷下《西突厥阿史那弥射传附孙献传》（《新唐书》二一五下《西突厥传》略同）云：

长安元年充安抚招慰十姓大使，献本蕃渐为默啜及乌质勒所侵，遂不敢还国。

同书同卷《阿史那步真传》（《新唐书》二一五下《西突厥传》略同）云：

自垂拱以后十姓部落频被突厥默啜侵掠，死散殆尽。及隋斛瑟罗才六七万人，徙居内地，西突厥阿史那氏遂绝（寅恪案：《通鉴》二〇四纪此事删去“默啜”二字，盖与上文“垂拱”二字冲突之故，于此足征温公读书之精密）。

同书同卷《突骑施乌质勒传》（《新唐书》二一五下《突骑施乌质勒传》同）云：

突骑施乌质勒者，西突厥之别种也。乌质勒卒，其长子娑葛代统其众，景龙三年娑葛弟遮弩恨所分部落少于其兄，遂叛入突厥，请为乡导以讨娑葛。默啜乃留遮弩，遣兵二万人与其左右来讨娑葛，擒之而还。

综合上引诸条，可知东突厥复兴后之帝国其势力实远及中亚，此时必有中亚胡族向东北迁徙者。史言“默啜既老，部落渐多逃散”，然则中国河朔之地不独当东突厥复兴盛强之时遭其侵轶蹂躏，即在其残败衰微之后亦仍吸收其逃亡离散之诸胡部落，故民族受其影响，风俗为之转变，遂与往日之河朔迥然不同，而成为一混杂之胡化区域矣。夫此区域之民族既已脱离汉化，而又包括东北及西北之诸胡种，唐代中央政府若欲羁縻统治而求一武力与权术兼具之人才，为此复杂胡族方隅之主将，则拓羯与突厥合种之安禄山者，实为适应当时环境之唯一上选也。玄宗以东北诸镇付之禄山，虽尚有他故，而禄山之种性与河朔之情势要必为其主因，岂得仅如旧史所载，一出于李林甫固位之私谋而已耶？

更总括以上所述者论之，则知有唐一代三百年间其统治阶级之变迁升降，即是宇文泰“关中本位政策”所鸠合集团之兴衰及其分化。盖宇文泰当日融冶关陇胡汉民族之有武力才智者，以创霸业；而隋唐继其遗产，又扩充之。其皇室及佐命功臣大都西魏以来此关陇集团中人物，所谓八大柱国家即其代表也。当李唐初期此集团之力量犹未衰损，皇室与其将相大臣几全出于同一之系统及阶级，故李氏据帝位，主其轴心，其他诸族入则为相，出则为将，自无文武分途之事，而将相大臣与皇室亦为同类之人，其间更不容别一统治阶级之存在也。至于武曌，其氏族本不在西魏以来关陇集团之内，因欲消灭唐室之势力，遂开始施行破坏此传统集团之工作，如崇尚进士文词之科破格用人及渐毁府兵之制等皆是也。此关陇集团自西魏迄武曌历时既经一百五十年之久，自身本已逐渐衰腐，武氏更加以破坏，遂致分崩堕落不可救止。其后皇位虽复归李氏，至玄宗尤称李唐盛世，然其祖母开始破坏关陇集团之工事竟及其身而告完成矣。此集团既破坏后，皇室始与外朝之将相大臣即士大夫及将帅属于不同之阶级。同时阉寺党类亦因是变为一统治阶级，拥蔽皇室，而与外朝之将相大臣相对抗。假使皇室与外廷将相大臣同属于一阶级，则其间固无阉寺阶级统治国政之余地也。抑更可注意者，关陇集团融合胡汉文武为一体，故文武不殊途，而将相可兼任；今既别产生一以科举文词进用之士大夫阶级，则宰相不能不由翰林学士中选出，边镇大帅之职舍蕃将莫能胜任，而将相文武蕃汉进用之途，遂分歧不可复合。举凡进士科举之崇重，府兵之废除，以及宦官之专擅朝政，蕃将即胡化武人之割据方隅，其事俱成于玄宗之世。斯实宇文泰所创建之关陇集团完全崩溃，及唐代统治阶级转移升降即在此时之征象。是以论唐史者必以玄宗之朝为时代划分界线，其事虽为治国史者所得略知，至其所以然之故，则非好学深思通识古今之君子，不能详切言之也。

中篇　政治革命及党派分野

唐代政治革命依其发源根据地之性质为区别，则有中央政治革命与地方政治革命二类。何以安史之乱以前地方政治革命均不能成功，且无多影响？而中央政治革命亦何以有成功与失败？又唐代皇位之继承常不固定，当新旧君主接续之交往往有宫廷革命，其原因为何？及外廷士大夫党派若牛李等党究如何发生？其分野之界线何在？斯皆前人所未显言而今此篇所欲讨论者也。

上篇言宇文泰以“关中本位政策”创建霸业，隋唐因之，遂混一中国，为极盛之世。《陆宣公奏议》一《论关中事宜状》（参《新唐书》一五七《陆贽传》、《通鉴》二二八“建中四年八月”条》）云：

> 太宗文皇帝既定大业，万方底乂，犹务戎备，不忘虑

危，列置府兵，分置禁卫，大凡诸府八百余所，而在关中者殆五百焉，举天下不敌关中，则居重驭轻之意明矣。承平既久，武备浸微，虽府卫具存，而卒乘罕习，故禄山窃倒持之柄，乘外重之资，一举滔天，两京不守。

寅恪案：陆敬舆所言唐代内外轻重之形势与政治之关系固甚确切，但唐人论事多追颂其祖宗创制之美，此不独臣下立言之体宜然，实亦由于府兵制度之起源及其发展颇有误会所致。盖府兵制为宇文泰当日“关中本位政策”中最要之一端，此政策之实情自唐初以降已不复为世人所知，如李繁之《邺侯家传》为唐人论府兵制主要之书，其间多所未谛，他更无论矣，此事已于拙著《隋唐制度渊源略论稿·兵制》章详言之，兹可不论。然可由宣公之言推定其在“关中本位政策”犹未完全破坏以前凡操持关中主权之政府即可以宰制全国，故政治革命只有中央政治革命可以成功，地方革命则无论如何名正言顺，终归失败，此点可以解释尉迟迥、徐敬业所以失败，隋文帝、武则天所以成功，与夫隋炀帝远游江左，所以卒丧邦家，唐高祖速据关中，所以独成帝业。迨玄宗之世“关中本位政策”完全改变，所以地方政治革命始能成功，而唐室之衰亡实由于地方政治革命之安、史、庞勋、黄巢等之叛乱，及黄巢部将朱温之篡夺也。

或问：唐代在“关中本位政策”即内重外轻之情形未变易以前，其政治革命惟有在中央发动者可以成功，但中央政治革命有成功，亦有失败，其故又安在？应之曰：其关键实系于守卫宫城北门禁军之手，而北门之重要则由于唐代都城建置之形势使然，其详见拙著《隋唐制度渊源略论稿·礼仪》章附论都城建筑一节。兹仅略述大意，附载唐代历次中央政治革命与宫城北门有关之史实，以资证明焉。

《旧唐书》一二六《李揆传》（参《新唐书》五〇《兵志》及一五〇《李揆传》、《通鉴》二二一“乾元二年三月”条、《十七史商榷》八九“南衙北司”条）云：

> 时京师多盗贼，有通衢杀人置沟中者。李辅国方恣横，上请选羽林骑士五百人以备巡检。揆上疏曰：“昔西汉以南北军相统摄，故周勃因南军入北军（寅恪案：《新传》亦与《旧传》同作“因南军入北军”，其实应作“因北军入南军”，此揆元疏之误，非传写之讹也。《通鉴》此条胡注明知其误，犹只云：“恐不如此”，亦太谦慎矣），遂安刘氏。皇朝置南北衙，文武区分，以相伺察。今以羽林代金吾警夜，忽有非常之变，将何以制之？”遂

制罢羽林之请。

又同书一六八《冯宿传附弟定传》（《新唐书》一七七《冯宿传附弟定传》同）云：

改元〔开成〕，御〔宣政〕殿，中尉仇士良请用神策仗卫右殿，定抗疏论罢。

《通鉴》二四五开成元年正月载此事，胡注云：

南衙十六卫之兵至此虽名存实亡。然以北军卫南衙，则外朝亦将听命于北司，既紊太宗之纪纲，又增宦官之势焰，故冯定言其不可。

据此可知唐代之北军即卫宫之军，权力远在南军即卫城之军之上，其情势与西汉南北军所处者适相反。关于西汉南北军制，自宋迄今，论者多矣，可以不赘。兹所欲论者，即唐代北军及都城建置，与中央政治革命之关系一端而已。

《周官·考工记·匠人》云：

面朝背市。

据通常之解释，王宫居中，其南为朝，其北为市。故止就宫与市之位置言，则宫在市之南，或市居宫之北也。《考工记》作成之时代虽晚，但必为儒家依据其所得之资料，加以理想化编纂之书，似无疑义。然则所言匠人营国，其宫市之位置必有当日真实之背景者。今知西汉首都之长安，其未央宫南之司马门直抵城垣，并无坊市，而未央宫长乐宫之北则有六街三市，是与《考工记》之文适相符合，岂与此书作成之时代有关耶？至隋代所营建之大兴城，即后来唐代之长安城，其宫近城之北端，而市则在城之南方，其宫市位置适与以前之西汉长安城相反，故唐代之南北军与西汉之南北军其名虽同，而实际之轻重则相殊异也。夫中央政府之命令出于君主一人之身，君主所居之处乃政治剧变时成败之所系。西汉之长安，其宫在城南，故南军为卫宫之武力；唐代之长安，其宫在城北，故北军为卫宫之武力。苟明乎此，则唐代历次中央政治革命之成败，悉决于玄武门即宫城北门军事之胜负，而北军统制之权实即中央政柄之所寄托也。兹略引有关史事于下：

武德九年六月四日玄武门事变为唐代中央政治革命之第一次，而太宗一生最艰危之苦斗也。后世往往以成败论人，而国史复经胜利者之修改，故不易见当时真相。然高祖起兵太原，建成即与太宗各领一军。及为太子，其所用官僚如王珪、魏徵之流即后来佐成贞观之治之名臣，可知建成亦为才智之人。至于元吉者，尤以勇武著闻，故太宗当日相与竞争之人决非庸懦无能者，又况建成以嫡长之名位，而内得高祖宫闱之助乎？太宗终能于玄武门一击，而建成、元吉仓卒败亡，似此二人曾绝无计虑及准备者，颇为不近情理，疑其间必有未发之覆，而相传之史料复多隐讳之处也。

《旧唐书》六八《尉迟敬德传》（《新唐书》八九《尉迟敬德传》略同）略云：

> 隐太子、巢剌王元吉将谋害太宗，密致书以招敬德，仍赠以金银器物一车，敬德辞（中略）。敬德曰："在外勇士八百余人今悉入宫，控弦被甲，事势已就，王何得辞？"（中略）。〔东〕宫〔齐王〕府诸将薛万澈、谢叔方、冯立等率兵大至，屯玄武门，杀屯营将军。敬德持建成、元吉首以示之，宫府兵遂散。

同书同卷《张公谨传》（《新唐书》八九《张公谨传》同）云：

〔武德九年〕六月四日，公谨与长孙无忌等九人伏于玄武门以俟变。及斩建成、元吉，其党来攻玄武门，兵锋甚盛。公谨有勇力，独闭关以拒之。

同书一八七上《忠义传·上·敬君弘传》（《新唐书》一九一《忠义传·敬君弘传》同）略云：

武德中为骠骑将军，掌屯营兵于玄武门，加授云麾将军。隐太子建成之诛也，其余党冯立、谢叔方率兵犯玄武门，君弘挺身出战，与中郎将吕世衡并遇害。太宗甚嗟赏之，赠君弘左屯卫大将军，世衡右骁卫将军。

同书同卷《冯立传》略云：

隐太子建成引为翊卫车骑将军，建成被诛，〔立〕率兵犯玄武门，苦战久之，杀屯营将军敬君弘，解兵遁于野，俄而来请罪。太宗数之曰："昨日出兵来战，杀伤我将，何以逃死？"

同书同卷《谢叔方传》略云：

> 太宗诛隐太子及元吉于玄武门，叔方率〔齐王〕府兵与冯立合军拒战于北阙下，杀敬君弘、吕世衡。太宗兵不振，秦府护军尉迟敬德传元吉首以示之，叔方下马号哭而遁。明日出首，太宗命释之。

据此，太宗之所以得胜，建成、元吉之所以致败，俱由一得以兵据玄武门即宫城之北门，一不得以兵入玄武门故也。然则玄武门为武德九年六月四日事变成败之关键，至为明显。但此中实有未发之覆，即玄武门地势之重要，建成、元吉岂有不知，必应早有所防卫，何能令太宗之死党得先隐伏夺据此要害之地乎？今得见巴黎图书馆藏敦煌写本伯希和号二六四〇李义府撰《常何墓志铭》，然后知太宗与建成、元吉两方皆诱致对敌之勇将。常何旧曾隶属建成，而为太宗所利诱。当武德九年六月四日常何实任屯守玄武门之职，故建成不以致疑，而太宗因之窃发。迨太宗既杀其兄弟之后，常何遂总率北门之屯军矣。此亦新史料之发见，足资补释旧史所不能解之一端也。至于敬君弘、吕世衡则观太宗数冯立罪所言，殆与常何同为太宗之党欤？史料缺乏，未敢遽定，俟更详考之。

《旧唐书》九一《桓彦范传》（《新唐书》一二〇《桓彦范传》同，并参《旧唐书》一八七上、《新唐书》一九一《忠义传·王同皎传》）略云：

〔张〕柬之遽引彦范及〔敬〕晖并为左右羽林将军，委以禁兵，共图其事。时皇太子每于北门起居，彦范与晖因得谒见，密陈其计，太子从之。神龙元年正月彦范与敬晖及左羽林将军李湛、李多祚，右羽林将军杨元琰，左威卫将军薛思行等率左右羽林兵及千骑五百余人讨〔张〕易之、昌宗于宫中。令李湛、李多祚就东宫迎太子。兵至玄武门，彦范等奉太子斩关而入。时则天在迎仙宫之集仙殿，斩易之、昌宗于廊下，明日太子即位。

同书一〇九《李多祚传》（《新唐书》一一〇《李多祚传》同）略云：

少以军功历位右羽林大将军，前后掌禁兵北门宿卫二十余年。神龙初，张柬之将诛张易之兄弟，引多祚筹其事，谓曰："将军在北门几年？"曰："三十年矣。"柬之曰："将军位极武臣，岂非大帝之恩乎？"曰："然。"又曰："既感大帝殊泽，能有报乎？大帝之子见在东宫，张易之兄弟擅权，朝夕危逼，诚能报恩，正属今日。”多祚曰：“苟缘王室，唯相公所使。”遂与柬之等定谋诛易之兄弟。

寅恪案：武则天虽居洛阳，然东都宫城之玄武门亦与长安宫城之玄武门同一位置，俱为形势要害之地。中宗复辟之成功，实在沟通北门禁军之故。张柬之既得羽林军统将李多祚之同意，大局即定，虽以武曌之枭杰，亦无抵御之能力矣。

《旧唐书》八六《节愍太子重俊传》（《新唐书》八一《节愍太子重俊传》同）略云：

〔神龙〕三年七月〔重俊〕率左羽林大将军李多祚等矫制发左右羽林兵及千骑三百余人，杀〔武〕三思及〔武〕崇训于其第，又令左金吾大将军成王千里分兵守宫城诸门，自率兵趋肃章门，斩关而入，求韦庶人及安乐公主所在。韦庶人及〔安乐〕公主遽拥帝（中宗）驰赴玄武门楼，召左羽林将军刘仁景等令率留军飞骑及百余人于楼下列守。俄而多祚等兵至，欲突玄武门楼，宿卫者拒之，不得进。帝据槛呼多祚等所将千骑，谓曰：“汝等并是我爪牙，何故作逆？若能归顺，斩多祚等，与汝富贵。”于是千骑王欢喜等倒戈斩多祚等，余党遂溃散。

寅恪案：李多祚以一人之身，二次躬率禁军预闻中央政治革命之役，然而前后成败互异者，以神龙三年七月辛丑之役韦后、安乐公主等犹得拥护中宗，及保有刘仁景等一部分之北门卫兵，故能据守玄武门楼之要地，及中宗亲行宣谕，而多祚等所率之禁军遂倒戈自杀，一败涂地矣。然则中央政治革命之成败与玄武门之地势及守卫北门禁军之关系如是重大，治唐史者诚不宜忽视之也。《旧唐书》八《玄宗纪·上》（《新唐书》五《玄宗纪》及《通鉴》二〇九"景龙四年六月"条同）略云：

〔唐隆元年六月〕庚子夜〔率〕率〔刘〕幽求等数十人自苑南入，总监钟绍京又率丁匠百余以从，分遣万骑往玄武门，杀羽林将军韦播、高嵩，持首而至，众皆欢叫大集。攻白兽、玄德等门，斩关而进。左万骑自左入，右万骑自右入，合于凌烟阁前。时太极殿前有宿卫梓宫万骑，闻噪声，皆披甲应之，韦庶人惶惑走入飞骑营，为乱兵所害。

同书五一《后妃传·上·中宗韦庶人传》（《新唐书》七六《后妃传·中宗韦庶人传》同，并参考《旧唐书》一八三《新唐书》二〇六《外戚传·韦温传》）略云：

帝（中宗）遇毒暴崩，后惧，秘不发丧。定策立温王重茂为皇太子，召诸府兵五万人屯京城，分为左右营，然后发丧。少帝即位，尊后为皇太后，临朝摄政。韦温总知内外兵马，守援宫掖。驸马韦捷、韦濯分掌左右屯营。武延秀及温从子播、族弟璿、外甥高嵩典左右羽林军及飞骑。播、璿欲先树威严，拜官日先鞭万骑数人，众皆怨，不为之用。临淄王率薛崇简、钟绍京、刘幽求等领万骑入自玄武门，至左羽林军，斩将军韦璿、韦播及中郎将高嵩于寝帐，遂斩关而入，至太极殿，后惶骇遁入殿前飞骑营，为乱兵所杀。

同书一〇六《王毛仲传》（《新唐书》一二一《王毛仲传》同）云：

初太宗贞观中择官户蕃口中少年骁勇者百人，每出游猎，令持弓矢于御马前射生。令骑豹文鞯，着画兽文衫，谓之百骑。至则天时渐加其人，谓之千骑，分隶左右羽林营。孝和谓之万骑，亦置使以领之。玄宗在藩邸时，常接其豪俊者，或赐饮食财帛，以此尽归心焉。毛仲亦悟玄宗之旨，待之甚谨，玄宗益怜其敏慧。及〔景龙〕四年六月中宗遇弑，韦后称制，令韦播、高嵩为羽林将军，令押千骑营（寅恪案：《通鉴》“千”作“万”，是，盖中宗已改千骑为万骑矣，温公之精密有如是者），榜棰以取威。其营长葛福顺、陈玄礼等相与见玄宗诉冤。会玄宗已与刘幽求、麻嗣宗、薛崇简等谋举大计，相顾益欢，令幽求讽之，皆愿决死从命。及二十日夜玄宗入苑中，乙夜福顺等至，玄宗曰：“与公等除大逆，安社稷，各取富贵，在于俄顷，何以取信？”福顺等请号而行，斯须斩韦播、韦璿、高嵩等头来，玄宗举火视之。又召钟绍京领总监丁匠刀锯百人至，因斩关而入，后及安乐公主等皆为乱兵所杀。

寅恪案：玄宗景龙四年六月二十日夜之举兵，与三年前即神龙三年七月六日节愍太子重俊发动之玄武门事变正复相似，而成败不同者，以玄宗能预结羽林万骑诸营长葛福顺、陈玄礼等，而韦后死党守卫玄武门之羽林禁军诸统将如韦播、韦璿、高嵩等，皆为其部下所杀故也。

又以上所述自高祖、太宗至中宗、玄宗，中央政治革命凡四次，俱以玄武门之得失及屯卫北门禁军之向背为成败之关键。然此皆诉诸武力，公开决战者。至于武曌之改唐为周，韦氏之潜移政柄，其转变不出闱闼之间，兵不血刃，而全国莫之能抗，则以“关中本位政策”施行以来，内重外轻之势所致也。然自玄宗末年安史叛乱之后，内外轻重之形势既与以前不同，中央政变除极少破例及极小限制外，大抵不决之于公开战争（唐末强藩与中央政府权臣及阉寺离合之关系构成战乱，其事应列入统治阶级之升降及党派分野范围论之，故凡本书所未能详述者，以义类推之可知也），而在宫廷之内以争取皇位继承之形式出之。于是皇位继承之无固定性及新旧君主接续之交，辄有政变发生，遂为唐代政治史之一大问题也。

唐自开国时建成即号为皇太子，太宗以功业声望卓越之故，实有夺嫡之图谋，卒酿成武德九年六月四日玄武门之事变，已详前述，且其事为世所习知者也。太宗立承乾为皇太子，承乾乃长孙皇后之长子，既居长嫡之位，其他诸子又无太宗之功业声望可以启其窥伺之心者，然承乾终被废弃，而诸子争立，太宗心中之苦闷及其举止之失态，观两唐书《长孙无忌传》所载可知矣。

《旧唐书》六五《长孙无忌传》（《新唐书》一〇五《长孙无忌传》同）云：

> 太子承乾得罪，太宗欲立晋王，而限以非次，回惑不决。御两仪殿，群官尽出，独留无忌及司空房玄龄、兵部

尚书李勣，谓曰："我三子一弟所为如此，我心无憀。"因自投于床，抽佩刀欲自刺。无忌等惊惧，争前扶抱，取佩刀以授晋王。无忌等请太宗所欲，报曰："我欲立晋王。"无忌曰："谨奉诏，有异议者，臣请斩之。"太宗谓晋王曰："汝舅许汝，宜拜谢。"因下拜。太宗谓无忌等曰："公等既符我意，未知物论何如？"无忌曰："晋王仁孝，天下属心久矣，伏乞召问百僚，必无异辞，若不舞蹈同音，臣负陛下万死。"于是建立遂定，因加授无忌太子太师。寻而太宗又欲立吴王恪，无忌密争之，其事遂辍。

寅恪案：太宗盖世英雄，果于决断，而至皇位继承问题乃作如此可笑之状，虽或施用权术，故为失态，借以笼制诸腹心大臣，然其内心之烦恼回惑已臻极点，则无可疑。盖皇位继承既不固定，则朝臣党派之活动必不能止息，太宗之苦闷不堪，实职此之由也。又观于其经此戏剧式之御前会议，建立晋王为太子之后，复欲改立吴王恪，可知当日皇位继承终是摇动不固定之事，因此，太子之嗣位亦不得不别有拥戴扶立之元勋。若皇储之继承权本极固定者，则此辈元勋何从得居拥立之功耶？

至于高宗本庸懦之主，受制于武后，其皇储之不固定夫何足怪？而武曌则为旷世怪杰，既屡屠杀其亲生之子孙，何况区区废立之事？故其皇位继承之不定乃更意中事也。若立子立侄之问题乃属于别一范围，兹不讨论，仅略引有关高宗武曌废立其子之史文于下：

《旧唐书》八六《燕王忠传》（《新唐书》八一《燕王忠传》同）云：

> 燕王忠，高宗长子也，〔永徽〕三年立忠为皇太子，显庆元年废忠为梁王。

同书七《中宗纪》略云：

> 永隆元年章怀太子废，其年立为皇太子。弘道元年高宗崩，即帝位，嗣圣元年二月皇太后废帝为庐陵王，其年五月迁于均州，寻徙居房陵。圣历元年召还东都，立为皇太子。神龙元年正月张柬之等率羽林兵诛〔张〕易之、昌宗，迎皇太子监国。乙巳则天传位于皇太子，丙午即皇帝位。

同书同卷《睿宗纪》略云：

嗣圣元年则天临朝，废中宗为庐陵王，立〔帝〕为皇帝。及革命，改国号为周，降帝为皇嗣，徙居东宫，其具仪一比皇太子。圣历元年中宗自房陵还，请让位于中宗。则天遂立中宗为皇太子，封帝为相王。景龙四年夏六月中宗崩，临淄王讳〔隆基〕等率兵入北军，诛韦温等。甲辰少帝逊于别宫，是日即皇帝位。

同书一一六《承天皇帝倓传》（《新唐书》八二《承天皇帝倓传》同，又参《旧唐书》八六《新唐书》八一《孝敬皇帝传》《章怀太子传》）云：

〔李〕泌因奏〔肃宗〕曰："臣幼稚时念《黄台瓜辞》，陛下尝闻其说乎？高宗大帝有八子，睿宗最幼，〔与〕天后所生三子自为行第，故睿宗第四。长曰孝敬皇帝（弘），为太子监国，而仁明孝悌，天后方图临朝，乃鸩杀孝敬，立雍王贤为太子。贤每日忧惕，知必不保全，与二弟同侍于父母之侧，无由敢言，乃作《黄台瓜辞》，令乐工歌之，冀天后闻之省悟，即生哀愍，辞云：'种瓜黄台下。瓜熟子离离。一摘使瓜好。再摘令瓜稀。三摘犹尚可。四摘抱蔓归。'而太子贤终为天后所逐，死于黔中。"

然最可注意者，实神龙元年正月癸卯（二十日）玄武门之事变，其事自唐室诸臣言之，则易周为唐为中兴复辟；自武则天方面言之，则不过贪功之徒拥立既已指定而未甚牢固之继承储君而已（凡唐代之太子实皆是已指定而不牢固之皇位继承者，故有待于拥立之功臣也）。此役之是非及其本末今不能详述，所欲论者，即中宗虽复立为皇太子，其皇位继承权实非固定，若全国俱认为必能终继武曌之位，无有可疑者，则五王等更将何所依藉，以为号召之口实耶？兹录《通鉴》神龙元年五月甲午以侍中齐公敬晖为平阳王条考异所引，而为司马君实所不取之统记原文，以佐证鄙说焉，其文云：

> 太后善自粉饰，虽子孙在侧，不觉衰老（其实此语《通鉴》上文已采用之矣）。及在上阳宫不复栉颒，形容羸悴。上（中宗）入见，大惊。太后泣曰："我自房陵迎汝来，固以天下授汝矣，而五贼贪功，惊我至此。"上悲泣不自胜，伏地拜谢死罪。由是〔武〕三思等得入其谋。

此节史料实可解释中宗朝武氏权势不因则天失位而消灭之故，温公转不之信，无乃过于审慎欤？

《旧唐书》八六《殇皇帝重茂传》云：

景龙四年中宗崩，韦庶人立重茂为帝，而自临朝称制。及韦氏败，重茂遂逊位，让叔父相王。

同书同卷《节愍太子重俊传》（《新唐书》八一《节愍太子重俊传》同）云：

〔神龙〕二年秋立为皇太子，时武三思得幸中宫，深忌重俊。三思子崇训尚安乐公主，常教公主陵忽重俊，以其非韦氏所生，常呼之为奴。或劝公主请废重俊为王，自立为皇太女，重俊不胜忿恨。

寅恪案：殇帝重茂以韦氏败见废，假使韦氏不败，而仿武曌之前例行事，则重茂亦未必能久立，何况其非韦氏所生者乎？重俊起兵失败，已于前言之，兹不复论，但究其所以举兵之由，实以既受武三思父子及安乐公主等之陵忌，明知其皇位继承权至不固定，遂出此冒险之举耳。

睿宗嫡长子成器虽曾居皇太子之位，终以其庶弟隆基（玄宗）功业显著之故，而让皇储之位。是其皇位继承之不固定，无待言矣。至玄宗虽非长嫡，然以诛灭韦氏戴立睿宗之大功得越其嫡兄成器而立为皇太子，此盖有惩于建成太宗之故事，宜其皇位继承权之固定，及考诸记载，殊亦不然，兹略引史文以证明之。

《旧唐书》九五《让皇帝宪传》（《新唐书》八一《让皇帝宪传》同）云：

> 让皇帝宪本名成器，睿宗长子也。文明元年立为皇太子，及睿宗降为皇嗣，则天册授成器为皇孙，唐隆元年进封宋王。睿宗践阼，将建储贰，以成器嫡长，而玄宗有讨平韦氏之功，意久不定，成器固让，睿宗乃许之。

同书八《玄宗纪·上》（《新唐书》五《玄宗纪》略同）略云：

> 〔唐隆元年〕七月丙午〔睿宗〕制曰："第三子〔隆〕基可立为皇太子。"〔景云〕二年二月又制曰："皇太子〔隆〕基宜令监国！其六品以下除授及徒罪以下并取〔隆〕基处分！"延和元年六月凶党因术人闻睿宗曰："据玄象，帝座及前星有灾，皇太子合作天子，不合更居东宫矣。"睿宗曰："传德避灾，吾意决矣。"七月壬午制曰："皇太子可令即皇帝位！"上（玄宗）叩

头请所以传位之旨。睿宗曰："吾因汝功业得宗社，易位于汝，吾知晚矣。"上始居武德殿视事，三品以下除授及徒罪皆自决之。先天二年七月三日左羽林大将军常元楷、右羽林将军李慈等与太平公主同谋，期以其月四日以羽林军作乱，上密知之，因出武德殿，入虔化门，枭常元楷、李慈于北阙。睿宗明日下诏曰："朕将高居无为，自今军国政刑一事以上并取皇帝处分！"（寅恪案：《通鉴》二一〇开元元年七月乙丑上皇徙居百福殿。）

同书九六《姚崇传》（《新唐书》一二四《姚崇传》同）云：

时玄宗在东宫，太平公主干预朝政，宋王成器为闲厩使，岐王范、薛王业皆掌禁兵，外议以为不便，元之（崇本名元崇，因恶与突厥叛人同名，改为元之）同侍中宋璟密奏，请令公主往东都，出成器等诸王为刺史以息人心。睿宗以告公主，公主大怒。玄宗乃上疏以元之、璟等离间兄弟，请加罪，乃贬元之为申州刺史。

同书同卷《宋璟传》（《新唐书》一二四《宋璟传》同）云：

时太平公主谋不利于玄宗，尝于光范门内乘辇，伺执政以讽之，众皆失色。璟昌言曰：“东宫有大功于天下，真宗庙社稷之主，安得有异议？”乃与姚崇同奏请令公主就东都。玄宗惧，抗表请加罪于璟等，乃贬璟为楚州刺史。

同书九七《张说传》（《新唐书》一二五《张说传》同）云：

是岁（景云二年）二月睿宗谓侍臣曰：“有术者上言：五日内有急兵入宫，卿等为朕备之！”左右相顾，莫能对。说进曰：“此是谗人设计，拟摇动东宫耳，陛下若使太子监国，则君臣分定，自然窥觎路绝，灾难不生。”睿宗大悦，即日下制皇太子监国。明年又制皇太子即帝位。俄而太平公主引萧至忠、崔湜为宰相。以说为不附己，转为尚书左丞，罢知政事，仍令往东都留司。说既知太平阴怀异计，乃使献佩刀于玄宗，请先事讨之，玄宗嘉纳焉。

寅恪案：玄宗既以有大功故得立为皇太子，而其皇位继承权仍不固定，其后虽已监国，并受内禅，即皇帝位矣，而其皇位之不安定也如故，必至诛夷太平公主党徒之后，睿宗迫不得已，放弃全部政权，退居百福殿，于是其皇位始能安定，此诚可注意者也。至太平公主欲以羽林军作乱，幸玄宗早知其谋，先发制人，得斩禁军统将常元楷、李慈等，唐代中央政治革命之成败系于北门卫兵之手，斯又一例证矣。

《旧唐书》一〇七《废太子瑛传》（《新唐书》八二《太子瑛传》同）略云：

> 废太子瑛，玄宗第二子也，开元三年正月立为皇太子。及武惠妃宠幸，〔瑛母赵〕丽妃恩乃渐弛，惠妃之子寿王瑁钟爱，〔惠〕妃泣诉于玄宗，以太子结党，将害于妾母子，亦指斥于至尊。玄宗震怒，谋于宰相，意将废黜。中书令张九龄奏曰："今太子既长，无过。"玄宗默然，事且寝。李林甫代张九龄为中书令，希惠妃之旨，托意于中贵人，扬寿王瑁之美。〔开元〕二十五年〔惠妃女咸宜公主夫〕杨洄又构于惠妃，言瑛兄弟（鄂王瑶、光王琚）三人与太子妃兄薛锈构异谋。玄宗遽召宰相筹之。林甫曰："此盖陛下家事，臣不合参知。"玄宗意乃决矣。使中官宣诏于宫中，并废为庶人，锈配流，俄赐死于城东驿。

寅恪案：瑛乃玄宗初立之太子，其皇位继承既已不能固定矣，至于此后所立之太子即后来继位之肃宗，其皇位继承权亦屡经动摇，若非乘安禄山叛乱之际拥兵自立为帝，则其果能终嗣皇位与否，殊未可知也。

《新唐书》二〇七《宦者传·上·高力士传》（参考《通鉴》二一四“开元二十六年”条考异）云：

> 初，太子瑛废，武惠妃方嬖，李林甫等皆属寿王〔瑁〕，帝（玄宗）以肃宗长，意未决，居忽忽不食。力士曰：“大家不食，亦膳羞不具耶？”帝曰：“尔我家老，揣我何为而然？”力士曰：“嗣君未定耶？推长而立，孰敢争？”帝曰：“尔言是也。”储位遂定。

《旧唐书》一〇《肃宗纪》略云：

> 肃宗，玄宗第三子，开元二十六年六月庚子立为皇太子。初太子瑛得罪，上召李林甫，议立储贰，时寿王瑁母武惠妃方承恩宠，林甫希旨，以瑁对，及立上（肃宗）为太子，林甫惧不利己，乃起韦坚、柳勣之狱，上几危者数四。后杨国忠依妃家，恣为亵秽，惧上英武，潜谋不利，为患久之。〔天宝〕十四载十一月〔安〕禄山称兵诣阙，

十二月辛丑制太子监国，仍遣上亲总诸军进讨。时禄山以诛杨国忠为名，国忠惧，乃与〔杨〕贵妃谋间其事，上遂不行。明年六月关门不守，国忠讽玄宗幸蜀，车驾将发〔马嵬顿〕，留上在后宣谕百姓，上回军〔欲收复长安〕。七月辛酉上至灵武，〔裴〕冕〔杜鸿渐〕等凡六上笺〔请即皇帝位〕。上不获已，乃从，是月甲子即皇帝位于灵武。

同书一八四《宦官传·李辅国传》（《新唐书》二〇八《宦者传·下·李辅国传》同）云：

〔安〕禄山之乱，玄宗幸蜀，辅国侍太子（肃宗），扈从至马嵬，诛杨国忠，辅国献计太子，请分玄宗麾下兵，北趋朔方，以图兴复，辅国从至灵武，劝肃宗即帝位，以系人心。

寅恪案：玄宗何以舍寿王瑁而立肃宗为皇太子，此为别一问题，非兹篇所能论及也。惟肃宗既立为皇太子之后，其皇位继承权甚不固定，故乘安禄山叛乱玄宗仓卒幸蜀之际，分兵北走，自取帝位，不仅别开唐代内禅之又一新局，而李辅国因是为拥戴之元勋，遂特创后来阉寺拥戴或废黜储君之先例，此甚可注意也。

《旧唐书》一一《代宗纪》略云：

> 代宗，肃宗长子，〔乾元元年〕四月庚寅立为皇太子。宝应元年四月肃宗大渐，所幸张皇后无子，后惧上（代宗）功高难制，阴引越王系于宫中，将图废立。乙丑皇后矫诏召太子，中官李辅国、程元振素知之，乃勒兵于凌霄门，俟太子至，即卫太子至飞龙厩。是夕勒兵于三殿，收捕越王系及内官朱光辉、马英俊等，禁锢之，幽皇后于别殿。丁卯肃宗崩，元振等始迎上于九仙门，见群臣，行监国之礼，己巳即皇帝位于柩前。

同书五二《后妃传·下·肃宗张皇后传》（《新唐书》七七《后妃传·下·肃宗张皇后传》同）略云：

> 先在灵武时，太子（代宗）弟建宁王倓为后诬谮而死，自是太子忧惧，常恐后之构祸。后以建宁之隙，常欲危之。宝应元年四月肃宗大渐，后与内官朱辉光、马英俊、啖庭瑶、陈仙甫等谋立越王系，矫诏召太子入侍疾。

中官程元振、李辅国知其谋，及太子入，二人以难告，请太子在飞龙厩。元振率禁军收越王系、朱辉光等。俄而肃宗崩，太子监国，遂移后于别殿，幽崩，诛马英俊〔等〕。

同书一一六《承天皇帝倓传》（《新唐书》八二《承天皇帝倓传》同）略云：

时广平王（代宗）立大功，亦为张皇后所忌，谮构流言。

同书一八四《宦官传·李辅国传》（《新唐书》二〇八《宦者传·下·李辅国传》同）云：

辅国判元帅行军司马，专掌禁军，代宗即位，辅国与程元振有定策功。

同书同卷《宦官传·程元振传》（《新唐书》二〇七《宦者传·上·程元振传》同）云：

宝应末肃宗晏驾，张皇后与太子（代宗）有隙，恐不附己，引越王系入宫，欲令临国。元振知其谋，密告李辅国，乃挟太子诛越王并其党与。

寅恪案：代宗虽有收复两京之功，而其皇位继承权不固定如此。最可注意者，则为自宝应元年四月乙丑（十六日）事变张皇后失败后，唐代宫禁中武曌以降女后之政柄，遂告终结。而皇位继承之决定，乃归于阉寺之手矣。但阉寺之中又分党派，互有胜败，如程元振等与朱辉光等之争，即是其例。至于李氏子孙无论其得或不得继承帝位如代宗与越王系之流，则皆阉寺之傀儡工具而已。

《旧唐书》一一八《杨炎传》（《新唐书》一四五《杨炎传》同）略云：

李正己上表请杀〔刘〕晏之罪。炎惧，乃遣腹心分往诸道，言晏之得罪以昔年附会奸邪，谋立独孤妃为皇后，上自恶之，非他过也。

同书同卷《黎干传》（《新唐书》一四五《黎干传》同）云：

大历中德宗居东宫，干及〔宦官刘〕清潭尝有奸谋动摇。

同书一二三《刘晏传》（《新唐书》一四九《刘晏传》同）略云：

时人风言：代宗宠独孤妃，而又爱其子韩王迥，晏密启请立独孤为皇后。〔杨〕炎奏言："赖祖宗福佑，先皇（代宗）与陛下（德宗）不为贼臣所间，不然，刘晏、黎干之辈摇动社稷，凶谋果矣。"

同书一三七《赵涓传》（《新唐书》一六一《赵涓传》同）云：

永泰初，涓为监察御史。时禁中失火烧屋室数十间，火发处与东宫稍近，代宗深疑之。涓为巡使，俾令即讯。涓周历壖囿，按据迹状，乃上直中官遗火所致也。推鞫明审，颇尽事情，既奏，代宗称赏焉。德宗时在东宫，常感涓之究理详细。

寅恪案：此德宗为太子时，其皇位继承权亦不固定之证也。《新唐书》七《顺宗纪》略云：

大历十四年十二月乙卯立为皇太子，郜国公主以蛊事得罪，太子妃其女也。德宗疑之，几废者屡矣，赖李泌保护，乃免。

《旧唐书》一三〇《李泌传》（《新唐书》一三九《李泌传》同）云：

顺宗在春宫，妃萧氏母郜国公主交通外人，上（德宗）疑其有他，连坐贬黜者数人，皇储亦危，泌百端奏说，上意方解。

同书一五九《卫次公传》（《新唐书》一六四《卫次公传》同，并参考《旧唐书》一五九《郑絪传》）云：

〔贞元〕二十一年正月德宗升遐，时东宫（顺宗）疾恙方甚，仓卒召学士郑絪等至金銮殿。中人或云："内中商量所立未定。"众人未对，次公遽言曰："皇太子（顺宗）虽有疾，地居冢嫡，内外系心，必不得已，当立广陵王（宪宗），若有异图，祸难未已。"絪等随而唱之，众议方定。

寅恪案：《通鉴》二三二“贞元三年六月”条及二三三“贞元三年八月”条载顺宗为皇太子时几被废黜事甚详，盖与《新唐书·李泌传》同采自《邺侯家传》，李繁述其父事虽多溢美，然顺宗当日皇位继承权之动摇则为事实也。

依时代之次序，此下当论述宪宗之事迹。但永贞内禅尤为唐代内廷阉寺党派竞争与外朝士大夫关系之一最著事例，且唐代外廷士大夫之牛李党争即起于宪宗元和之世。兹为叙述便利之故，本篇中专论唐代皇位继承不固定之事实，则至德宗顺宗之交为止。此后以内廷及外朝之党派关系与皇位继承二端合并论证，而在论证此二端之前，先一言唐代士大夫党派分野之界线焉。

唐代统治阶级在武曌未破坏“关中本位政策”以前，除宇文泰所创建之胡汉关陇集团胡汉诸族外，则为北朝传统之山东士族，凡外廷士大夫大抵为此类之人也。所谓士族者，其初并不专用其先代之高官厚禄为其唯一之表征，而实以家学及礼法等标异于其他诸姓。如范阳卢氏者，山东士族中第一等门第也，然魏收著《魏书》，其第四十七卷《卢玄传论》（李延寿于《北史》三〇卢玄等传论即承用伯起元文）云：

> 卢玄绪业著闻，首应旌命，子孙继迹，为世盛门。其

文武功业殆无足纪，而见重于时，声高冠带，盖德业儒素有过人者。

其实伯起此言不独限于北魏时之范阳卢氏，凡两晋、南北朝之士族盛门，考其原始，几无不如是。魏晋之际虽一般社会有巨族、小族之分，苟小族之男子以才器著闻，得称为“名士”者，则其人之政治及社会地位即与巨族之子弟无所区别，小族之女子苟能以礼法特见尊重，则亦可与高门通婚，非若后来士族之婚宦二事专以祖宗官职高下为惟一之标准者也。此点关系两晋、南北朝士族问题之全部，兹篇殊难详悉考辨。故除上引《魏书·卢玄传论》之关于河北者外，更举关于江左一事，以为例证，其余不能多及，但可以类推也。

《旧唐书》一九〇上《文苑传·上·袁朗传》（《新唐书》二〇一《文艺传·上·袁朗传》同）略云：

袁朗，其先自陈郡仕江左，世为冠族。朗自以中外人物为海内冠族，虽琅邪王氏继有台鼎，而历朝首为佐命，鄙之不以为伍。朗孙谊又虞世南外孙，神功中为苏州刺史，尝因视事，司马清河张沛通谒，沛即侍中文瓘之子。谊揖之曰：“司马何事？”沛曰：“此州得一长史，是陇西李稟，天下甲门。”谊曰：“司马何言之失？门户须历代人贤名节风教为衣冠顾瞻，始可称举，老夫是也。夫山东人尚于婚媾，求于利禄，作时柱石，见危致命，则旷代无人，何可说之，以为门户？”沛怀惭而退，时人以为口实。

寅恪案：袁谊、张沛之言皆是也，不过袁说代表六朝初期门第原始本义，张说代表六朝后期及隋唐时代门第演化通义，其分别如是而已，然于此亦可观古今世变矣。又袁谊“山东人尚于婚媾”之言，可取与《新唐书》一九九《儒学传·中·柳冲传》附载柳芳论氏族文中。

山东之人尚婚娅，江左之人尚人物，关中之人尚冠冕，代北之人尚贵戚。

诸语参证。其实袁张之异同亦涉及地域及种族问题，匪仅古今时间之关系，但此非本篇所能具论者也。

夫士族之特点既在其门风之优美，不同于凡庶，而优美之门风实基于学业之因袭。故士族家世相传之学业乃与当时之政治社会有极重要之影响，此事寅恪尝于拙著《隋唐制度渊源略论稿·礼仪》章论之，兹不复赘。但东汉学术之重心在京师之太学，学术与政治之关锁则为经学，盖以通经义、励名行为仕宦之途径，而致身通显也。自东汉末年中原丧乱以后，学术重心自京师之太学移转于地方之豪族，学术本身虽亦有变迁，然其与政治之关锁仍循其东汉以来通经义、励名行以致从政之一贯轨辙。此点在河北即所谓山东地域尤为显著，实与唐高宗、武则天后之专尚进士科，以文词为清流仕进之唯一途径者大有不同也。由此可设一假定之说：即唐代士大夫中其主张经学为正宗、薄进士为浮冶者，大抵出于北朝以来山东士族之旧家也。其由进士出身而以浮华放浪著称者，多为高宗、武后以来君主所提拔之新兴统治阶级也。其间山东旧族亦有由进士出身，而放浪才华之人或为公卿高门之子弟者，则因旧日之士族既已沦替，乃与新兴阶级渐染混同，而新兴阶级虽已取得统治地位，仍未具旧日山东旧族之礼法门风，其子弟逞才放浪之习气犹不能改易也。总之，两种新旧不同之士大夫阶级空间时间既非绝对隔离，自不能无传染熏习之事。但两者分野之界划要必于其社会历史背景求之，然后唐代士大夫最大党派如牛李诸党之如何构成，以及其与内廷阉寺之党派互相勾结利用之隐微本末，始可以豁然通解，请略征史实，以证论之。

《旧唐书》一八上《武宗纪》会昌四年末载宰相李德裕之言（参考《新唐书》四四《选举志》，又《唐语林》一“言语”类“李太尉德裕未出学院”条，谓德裕父吉甫劝勉德裕应举及玉泉子李德裕以已非科第条所言，恐皆不可信）云：

> 臣无名第，不合言进士之非。然臣祖（李栖筠）天宝末以仕进无他歧，勉强随计，一举登第，自后不于私家置文选，盖恶其祖尚浮华，不根艺实。然朝廷显官须是公卿子弟，何者？自小便习举业，目熟朝廷间事，台阁仪范班行准则不教而自成，寒士纵有出人之才，登第之后始得一班一级，固不能熟习也。

《新唐书》四四《选举志》（参考《旧唐书》一七三《郑覃传》、王定保《摭言》一“散序进士”条等）略云：

> 文宗好学嗜古，郑覃以经术位宰相，深嫉进士浮薄，屡请罢之。文宗曰：“敦厚浮薄，色色有之。进士科取人二百年矣，不可遽废。”因得不罢。武宗即位，宰相李德裕尤恶进士。初举人既及第，缀行通名，诣主司第谢，又有曲江会题名席。至是德裕奏：“国家设科取士，而附党背公，自为门生，自今一见有司而止，其期集参谒曲江题名皆罢。”

《旧唐书》一七四《李德裕传》（《新唐书》一八〇《李德裕传》同，又参考《玉泉子》“李卫公以己非科第”条）略云：

李德裕，赵郡人，祖栖筠御史大夫，父吉甫赵国公。元和初宰相，德裕苦心力学，尤精《西汉书》《左氏春秋》，耻与诸生同乡赋，不喜科试。

《新唐书》一六三《柳公绰传附仲郢传》云：

知吏部铨，〔李〕德裕颇抑进士科，仲郢无所徇，是时以进士选，无受恶官者。

《旧唐书》一七三《郑覃传》（《新唐书》一六五《郑珣瑜传附覃传》同）略云：

郑覃（荥阳人），故相珣瑜之子，以父荫补弘文校理。覃长于经学，稽古守正，帝（文宗）尤重之。覃从容奏曰：“经籍讹谬，博士相沿，难为改正，请召宿儒奥学，校定六籍，准后汉故事，勒石于太学，永代作则，以正其阙。”从之。〔大和〕五年李宗闵、牛僧孺辅政，宗闵以覃与李德裕相善，薄之，奏罢〔覃翰林〕侍讲学士。文宗好经义，心颇思之，六年二月复召为侍讲学士。七年春李德裕作相，以覃为御史大夫。文宗尝于延英谓宰相曰：“殷侑通经学，颇似郑覃。”宗闵曰：“覃侑诚有经学，于议论不足听览。”李德裕对曰：“覃尝嫉人朋党，为宗闵所薄故也。”八年德裕罢相，宗闵复知政，与李训、郑注同排斥李德裕、李绅。二人贬黜，覃亦左授秘书监。九年六月杨虞卿、李宗闵得罪长流，复以覃为刑部尚书，迁尚书右仆射。训、注伏诛，以本官同平章事。覃虽精经义，不能为文，嫉进士浮华。开成初奏：礼部贡院宜罢进士科。初紫宸对上（文宗）语及选士，覃曰：“南北朝多用文华，所以不治。士以才堪即用，何必文辞？”帝曰：“进士及第人已曾为州县官者，方镇奏署，即可之，余即否。”覃曰：“此科率多轻薄，不必尽用。”帝曰：“轻薄敦厚，色色有之，未必独在进士。此科置已二百年，亦不可遽改。”覃曰：“亦不可过有崇树。”上尝于延英论古今诗句工拙。覃曰：“近代陈后主、隋炀帝皆能章句，不知王者大端，终有季年之失。章句小道，愿陛下不取也。”〔开成〕四年罢相。武宗即位，李德裕用事，欲援为宰相，固以足疾不任朝谒〔辞〕。会昌二年致仕，卒。覃位至相国，所居才庇风雨，家无媵妾，人皆仰其素风。女孙适崔皋，官才九品卫佐，帝重其不婚权家。（此十八字《新传》之文）

《唐语林》二《文学类》云：

文宗皇帝曾制诗以示郑覃。覃奏曰："乞留圣虑于万几，天下仰望。"文宗不悦。覃出，复示李宗闵。叹伏不已，一句一拜，受而出之。上笑谓之曰："勿令适来阿父子见之！"

寅恪案：赵郡李氏、荥阳郑氏俱是北朝数百年来显著之士族，实可以代表唐代士大夫中主要之一派者。而德裕及覃父子又世为宰相，其社会历史之背景既无不相同，宜其共结一党，深恶进士之科也。文选为李氏所鄙视，石经为郑覃所建刊，其学术趣向殆有关家世遗传，不可仅以个人之偶然好恶为解释。否则李文饶固有唐一代不属于复古派之文雄，何以亦薄文选之书？推究其故，岂不以"熟精文选理"乃进士词科之人即高宗、武后以后新兴阶级之所致力，实与山东旧族以经术礼法为其家学门风者迥然殊异，不能相容耶？南北朝社会以婚宦二端判别人物流品之高下，唐代犹承其风习而不改，此治史者所共知。兹更举关于郑覃之一事，以补证《新唐书》所纪其不婚当世权门而重旧日士族之一节如下：

《太平广记》一八四《氏族类》“庄恪太子妃”条（《新唐书》一七二《杜兼传附中立传》云：开成初文宗以真源、临真二公主降士族，谓宰相曰：“民间修婚姻，不计官品，而尚阀阅。我家二百年天子，顾不及崔卢耶？诏宗正卿取世家子以闻！”寅恪案：中立固出名家，但尚主与纳妃微有不同，故附记于此，以供参证）云：

> 文宗为庄恪太子选妃，朝臣家□子女者，悉被进名，士庶为之不安。帝知之，谓宰臣者曰：“朕欲为太子婚娶，本求汝郑门衣冠子女为新婚。闻在外朝臣皆不愿共朕作情亲，何也？朕是数百年衣冠，无何神尧打家何罗去。”因罢其选。（原注：出《卢氏杂说》。寅恪案：《唐语林》四《企羡类》亦引《卢氏杂说》此条，但作“打朕家事罗诃去”。）

寅恪案：此条所载文宗语末句颇不易解，姑从阙疑。

据《旧唐书》一七五《庄恪太子永传》（《新唐书》八二《庄恪太子永传》同），鲁王永以文宗大和六年十月册为皇太子，开成三年十月薨，又据《新唐书》六三《宰相表》（《旧唐书》一三、《新唐书》八《文宗纪》及两唐书《郑覃传》俱同），郑覃以大和九年十一月至开成四年五月之时间任宰相之职，而自大和六年十月至开成三年十月即鲁王永为皇太子期间，宰相中覃之外，别无郑姓者。故知文宗“汝郑门”之语专对覃而言者也。依覃之意，李唐数百年天子之家尚不及山东旧门九品卫佐之崔氏，然则唐代山东士族心目中社会价值之高下估计亦可想见矣。又唐代皇室本出自宇文泰所创建之关陇胡汉集团，即朱元晦所谓“源流出于夷狄，故闺门失礼之事不以为异”者（上篇之首已引），固应与山东士族之以礼法为门风者大有不同。及汉化程度极深之后，与旧日士族比较，自觉相形见绌，益动企羡攀仰之念。然贵为天子，终不能竞胜山东旧族之九品卫佐，于此可见当日山东旧族之高自标置，并非无因也。

至李唐皇室与山东士族之关系亦有可略言者。考唐室累代其初对于山东旧族本持压抑政策，如《新唐书》九五《高俭传》（参考《旧唐书》六五《高士廉传》、《唐会要》三六“氏族”条、《贞观政要》七《礼乐》篇“贞观六年谓房玄龄”条、《旧唐书》七八《新唐书》一〇四《张行成传》、

《旧唐书》八二《新唐书》二二三《奸臣传·上·李义府传》、《通鉴》一九五“贞观十二年正月”条、《太平广记》一八四《氏族类》“七姓”条等）略云：

> 初太宗尝以山东士人尚阀阅，后虽衰，子孙犹负世望，由是诏士廉责天下谱牒，参考史传，检正真伪，合二百九十三姓千六百五十一家为九等，号曰《氏族志》，而崔干仍居第一。帝曰：“我于崔、卢、李、郑无嫌，顾其世衰，犹恃旧，不解人间何为贵之？朕以今日冠冕为等级高下。”遂以崔干为第三姓（姓旧传作等），班其书天下。高宗时，许敬宗以不叙武后世，李义府耻其家无名，更刊定之，裁广类例。帝（高宗）自叙所以然，各以品位叙之，凡九等，改为《姓氏录》。当时军功入五品者，皆升谱限，缙绅耻焉，目为“勋格”。义府奏：悉索《氏族志》，烧之。先是，后魏太和中定四海望族，以〔李〕宝等为冠。其后矜尚门地，故《氏族志》一切降之。王妃主婿皆取当世勋贵名臣家，未尝尚山东旧族（寅恪案：此为唐初情状，后来不如是也）。后房玄龄、魏征、李勣复与昏，故望不减。

又《国史补·上》（参考《太平广记》一八四《氏族类》）略云：

> 李積，酒泉公义俠侄孙，门户第一，而有清名，官至司封郎中怀州刺史。尝以为爵位不如族望，与人书札唯称“陇西李積”而不銜。

又《通鉴》二四八“大中二年十一月万寿公主适郑颢”条云：

> 颢弟顗尝得危疾，上遣使视之。还，问〔万寿〕公主何在？曰在慈恩寺戏场。上（宣宗）怒叹曰：“我怪士大夫家不欲与我为昏，良有以也。”亟命召公主入宫，立之阶下，不之视，公主惧，涕泣谢罪。上责之曰：“岂有小郎病，不往省视，乃观戏乎？”遣归郑氏。由是终上之世，贵戚皆兢兢守礼法，如山东衣冠之族。

又《东观奏记·上》（参《唐语林》七《补遗》“万寿公主宣宗之女”条、《新唐书》一一九《白居易传附敏中传》）略云：

万寿公主，上（宣宗）之女，将嫁，命择良婿，郑颢相门子（寅恪案：颢之祖絪宪宗朝宰相），首科及第，声名籍甚，待昏卢氏。宰臣白敏中奏选尚，颢深衔之。大中五年敏中免相为邠宁行营都统，行有日，奏曰："颢不乐国姻，衔臣入骨，臣在中书，颢无如臣何，一去玉阶，必媒蘖臣短，死无日矣。"

寅恪案：前言山东士族之所以兴起，实用儒素德业以自矜异，而不因官禄高厚见重于人。降及唐代，历年虽久，而其家风礼法尚有未尽沦替者。故贞观天子钦定《氏族志》，虽可以降抑博陵崔氏第二房郁后之崔干为第三等（见《新唐书》七二下《宰相世系表》崔氏条及《旧唐书》六〇、《新唐书》七八《淮安王神通传》），而开成皇帝不能禁其宰相之宁以女孙适九品卫佐之崔皋（皋之家世未及详考，然其为"七姓"之一，则无可疑也），而不愿其家人为皇太子妃。至大中朝借皇室之势，夺婚卢氏，其后君臣翁婿卒皆以此为深恨，又何足怪哉！帝王之大权不及社会之潜力，此类之事即其一例，然非求之数百年往日背景，不易解释也。

既明乎此，则牛李（德裕）党派分野界划之所在，始可得而言。

《唐语林》三《识鉴类》（参考《南部新书·丁》）云：

陈夷行、郑覃请经术孤立者进用，李珏与杨嗣复论地胄词彩者居先，每延英议政多异同，卒无成效，但寄之颊舌而已。

盖陈郑为李（德裕）党，李杨为牛党，经术乃两晋、北朝以来山东士族传统之旧家学，词彩则高宗、武后之后崛兴阶级之新工具。至孤立地胄之分别，乃因唐代自进士科新兴阶级成立后，其政治社会之地位逐渐扩大，驯致旧日山东士族如崔皋之家，转成孤寒之族。若李（珏）杨之流虽号称士族，即使俱非依托，但旧习门风沦替殆尽，论其实质，亦与高宗、武后由进士词科进身之新兴阶级无异。迨其拔起寒微之后，用科举座主门生及同门等关系，勾结朋党，互相援助，如杨于陵、嗣复及杨虞卿、汝士等，一门父子兄弟俱以进士起家，致身通显（见《旧唐书》一六四《新唐书》一六三《杨于陵传》、《旧唐书》一七六《新唐书》一七四《杨嗣复传》、《旧唐书》一七六《新唐书》一七五《杨虞卿传》及《南部新书·已》“大和中人指杨虞卿宅南亭子为行中书”条等），转成世家名族，遂不得不崇尚地胄，以巩固其新贵党类之门阀，而拔引孤寒之美德高名翻让与山东旧族之李德裕矣（见《摭言》七《好放孤寒》门“李太尉德裕颇为寒畯开路”条及《唐语林》七《补遗》“李卫公颇升寒素”条等），斯亦数百年间之一大世变也，请略征旧籍，证明于下：

《摭言》三“慈恩寺题名游赏赋咏杂记”条（略见上引《新唐书·选举志》）略云：

> 进士题名，自神龙之后，过关宴后皆集会于慈恩塔下题名。会昌三年赞皇公（李德裕）为上相，其年十二月中书覆奏：“奉宣旨，不欲令及第进士呼有司为座主，趋附其门，兼题名局席等条疏进来者。伏以国家设文学之科，求贞正之士，所宜行敦风俗，义本君亲，然后申于朝廷，必为国器，岂可怀赏拔之私惠，忘教化之根源，自谓门生，遂成胶固。所以时风浸薄，臣节何施，树党背公，靡不由此。臣等商量今日以后，进士及第，任一度参见有司，向后不得聚集参谒，及于有司宅置宴。其曲江大会，朝官及题名局席并望勒停。”奉敕：“宜依！”
>
> 于是向之题名各尽削去。盖赞皇公不由科第，故设法以排之，洎公失意，悉复旧态。

《玉泉子》云：

> 李相德裕抑退浮薄，奖拔孤寒。于时朝贵朋党，德裕破之，由是结怨，而绝于附会，门无宾客。

《旧唐书》一八下《宣宗纪》大中三年九月贬李德裕为崖州司户参军制云：

> 诬贞良造朋党之名。

据此，李德裕所谓朋党，即指新兴阶级浮薄之士借进士科举制度座主门生同门等关系缔结之牛党也。

或疑《通鉴》二三八“元和七年春正月辛未”条（《新唐书》一六二《许孟容传附季同传》同），载京兆尹元义方为鄜坊观察使事略云：

> 义方入谢，因言李绛私其同年许季同，除京兆少尹，出臣鄜坊。明日上以诘绛曰：“人于同年固有情乎？”对曰：“同年乃九州四海之人偶同科第，或登科然后相识，情于何有？”

则似科举制度与结党无关者。但详考之，知《通鉴》此条及《新唐书·许孟容传》俱采自《李相国论事集》，其书专诋李吉甫，固出于牛党之手，其所言同年无情，乃牛党强自辩护之词，殊非实状也。夫唐代科举制度下座主门生及同年或同门关系之密切原为显著之事，可不详论，兹仅举三数例于下，亦足以为证明也。

《旧唐书》一七七《韦保衡传》（《新唐书》一八四《路岩传附韦保衡传》同）云：

> 保衡恃恩权，素所不悦者，必加排斥。王铎贡举之师，萧遘同门生，以素薄其为人，皆摈斥之。

寅恪案：史所书保衡之恶，依当时习惯言，乃一破例。此正可以反证当日座主门生以及同年或同门之间互相援助之常态也。

《白氏长庆集》一六《重题（草堂东壁）七律四首》之四云：

> 宦途自此心长别，世事从今口不言。岂止形骸同土木，兼将寿夭任乾坤。胸中壮气犹须遣，身外浮荣何足

论！还有一条遗恨事，高家门馆未酬恩。

寅恪案：白乐天此诗自言已外形骸，了生死，而犹惓惓于座主高郢之深恩未报，斯不独香山居士一人之笃于恩旧者为然，凡苟非韦保衡之薄行寡情者，莫不如是。此实可为唐代门生对座主关系密切之一例证也。

《独异志》（参《唐语林》四《贤媛类》、《南部新书·己》）云：

崔群为相，清名甚重，元和〔中〕自中书舍人知贡举，既罢，夫人李氏尝劝其树庄田，以为子孙之业。笑答曰："余有三十所美庄良田，遍在天下，夫人何忧？"夫人曰："不闻君有此业。"群曰："吾前年放春榜三十人，岂非美田耶？"夫人曰："若然者，君非陆贽相门生乎？然往年君掌文柄，使人约其子简礼，不令就春闱之试。如以为良田，则陆氏一庄荒矣！"群惭而退，累日不食。

寅恪案：座主以门生为庄田，则其施恩望报之意显然可知。此唐代座主对于门生关系密切之一例证也。

《旧唐书》一七六《杨嗣复传》（《新唐书》一七四《杨

嗣复传》不载同门结党之由，不及旧传之得其实，又《旧唐书》一七六《李宗闵传》可与参证）云：

> 嗣复与牛僧孺、李宗闵皆权德与贡举门生，情谊相得，进退取舍多与之同。

寅恪案：史言牛派巨子以同门之故，遂结为死党。此唐代科举同门关系之一例证也。

复次，唐代贡举名目虽多，大要可分为进士及明经二科。进士科主文词，高宗、武后以后之新学也；明经科专经术，两晋、北朝以来之旧学也。究其所学之殊，实由门族之异。故观唐代自高宗、武后以后朝廷及民间重进士而轻明经之记载，则知代表此二科之不同社会阶级在此三百年间升沈转变之概状矣。其记载略录于下：

《康骈剧谈录》（参《唐语林》六《补遗》）云：

> 元和中，李贺善为歌篇，为韩愈深所知，重于缙绅。时元稹年少，以明经擢第，亦攻篇什，常交结于贺，日执贽造门，贺览刺，不答遽入。仆者谓曰："明经及第，何事看李贺？"稹惭恨而退。其后稹以制策登科，及为礼部

郎中，因议贺祖（祖当作父）讳晋肃，不合应进士举，贺遂致坎坷。韩愈惜其才，为著讳辩明之，竟不成名。

寅恪案：《剧谈录》所纪多所疏误，自不待论。但据此故事之造成，可推见当时社会重进士轻明经之情状，故以通性之真实言之，仍不失为珍贵之社会史料也。

《东观奏记·上》（参《新唐书》一八二《李珏传》及《唐语林》三《识鉴类》）略云：

李珏，赵郡赞皇人，早孤，居淮阴，举明经。李绛为华州刺史，一见谓之曰："日角珠庭，非常人也，当掇进士科。明经碌碌，非子发迹之路。"一举不第，应进士〔举〕，许孟容为宗伯，擢居进士。

《新唐书》一八三《崔彦昭传》云：

〔彦昭〕与王凝外昆弟也，凝大中初先显，而彦昭未仕，尝见凝，凝倨不冠带，慢言曰："不若从明经举。"彦昭为憾。至是凝为兵部侍郎，母闻彦昭相，敕婢多制履袜，曰："王氏妹必与子皆逐，吾将共行。"彦昭闻之，泣且拜，不敢为怨，而凝竟免。（寅恪案：此采自尉迟偓《中朝故事》。）

《摭言·散序进士门》云：

其艰难谓之三十老明经，五十少进士。

据上诸条，进士、明经二科在唐代社会其价值之高下，可以推知，不待广引也。

又唐代社会于此二科之评价，有高下之殊，亦由当时政治之关系所致，盖朝廷与民众二者互相影响也。如《唐语林》四《企羡类》略云：

薛元超谓所亲曰："吾不才，富贵过人，平生有三恨：始不以进士擢第。"

寅恪案：上篇引《通典》一五《选举典·三》所载沈既济之言，谓进士科之特见尊重，实始于高宗、武后时。薛元超为高宗朝晚年宰相，是与沈氏之语适合也。

《新唐书》四四《选举志》（《摭言》三"慈恩寺题名游

赏赋咏杂记”条同，又“新志”（此条前已征引，今为解释便利之故，复节录数语于此）略云：

> 武宗即位，李德裕为宰相，尤恶进士。至是德裕奏：“国家设科取士，而附党背公，自为门生，自今一见有司而止，其期集参谒曲江题名皆罢。”

《旧唐书》一八下《宣宗纪》“大中元年二月丁酉礼部侍郎魏扶奏臣今年所放进士三十三人”条略云：

> 帝（宣宗）雅好儒士，留心贡举，有时微行人间，采听舆论，以观选士之得失。又敕：“自今进士发榜后，杏园任依旧宴集，有司不得禁制！”

寅恪案：宣宗朝政事事与武宗朝相反，进士科之好恶崇抑乃其一端，而此点亦即牛李二党进退荣辱之表征也。请更取证于下列史料：

《唐语林》四《企羡类》（参《说郛》七三引《卢氏杂说》）云：

宣宗爱羡进士，每对朝臣，问登第否？有以科名对者，必有喜，便问所试诗赋题并主司姓名，或有人物优而不中者，必叹息久之。尝于禁中题“乡贡士李道龙”（寅恪案：可参同书同卷同类“宣宗好儒”条“殿柱自题曰：乡贡进士李某”）。

又同书同类（参《东观奏记·上》）略云：

宣宗尚文学，尤重科名。大中十年郑颢知举，宣宗索登科记，敕翰林：“今后发榜，仰写及第人姓名及所试诗赋题目，仰所司逐年编次！”

夫大中一朝为纯粹牛党当政李党在野之时期，宣宗之爱羡进士科至于此极，必非偶然也。

又张尔田先生《玉溪生年谱会笺》三“大中二年·下”引沈曾植先生之言曰：

唐时牛李两党以科第而分，牛党重科举，李党重门第。

寅恪案：乙盦先生近世通儒，宜有此卓识，其所谓“牛党重科举者”自指重进士科而言也。或疑问曰：“牛党中以进士科出身者如李珏，则系出赵郡李氏（见前引《东观奏记·上》，并参《唐语林》三《识鉴类》及《旧唐书》一七三《新唐书》一八二《李珏传》等），李宗闵则为唐宗室，而郑王元懿之四世孙（见《旧唐书》一七六《新唐书》一七四《李宗闵传》及《新唐书》七〇下《宗室世系表》“小郑元王房”条等），至党魁牛僧孺更是隋代达官兼名儒牛弘之八世孙，且承其赐田赐书之遗业。并以进士擢第者（见《旧唐书》一七二《新唐书》一七四《牛僧孺传》及《唐文粹》六五李珏撰《牛僧孺神道碑》、杜牧《樊川集》七《牛僧孺墓志铭》等），然则牛党巨子俱是北朝以来之旧门及当代之宗室，而李党之健者如陈夷行、李绅、李回、李让夷之流复皆以进士擢第（见《旧唐书》一七三《新唐书》一八一《陈夷行传》、《旧唐书》一七三《新唐书》一八一《李绅传》、《旧唐书》一七三《新唐书》一三一《李回传》、《旧唐书》一七六《新唐书》一八一《李让夷传》等），是李党亦重进士之科，前所谓牛李党派之分野在科举与门第者，毋乃不能成立耶？应之曰：牛李两党既产生于同一时间，而地域又相错杂，则其互受影响，自不能免，但此为少数之特例，非原则之大概也。故互受影响一事可以不论，所可论者约有三端：一曰牛李两党之对立，其根本在两晋、北朝以来山东士族与唐高宗、武则天之后由进士词科进用之新兴阶级两者互不相容，至于李唐皇室在开国初期以属于关陇集团之故，虽与山东旧族颇无好感，及中叶以后山东旧族与新兴阶级生死竞争之际，远支之宗室其政治社会之地位实已无大别于一般士族。如《新唐书》七〇上《宗室世系表》所云：

> 唐有天下三百年，子孙蕃衍，可谓盛矣。其初皆有封爵，至其世远亲尽，则各随其人贤愚，遂与异姓之臣杂而仕宦，至或流落于民间，甚可叹也。

故对于此新旧两统治阶级之斗争，传处于中立地位，既自可牛，此李宗闵之所以为牛党也，亦复可李，此李回之所以为李党也。二曰：凡山东旧族挺身而出，与新兴阶级作殊死斗者，必其人之家族尚能保持旧有之特长，如前所言门风家学之类，若郑覃者，即其一例也。亦有虽号为山东旧门，而门风废替，家学衰落，则此破落户之与新兴阶级不独无所分别，且更宜与之同化也。兹更举数例以为证明，而解疑惑焉。

《旧唐书》一三六《崔损传》（《新唐书》一六七《崔损传》同）略云：

崔损，博陵人，高祖行功以后名位卑替，大历末进士擢第。户部尚书裴延龄素与损善，乃荐之于德宗，〔贞元〕十二年以本官（右谏议大夫）同中书门下平章事。〔损〕身居宰相，母野殡，不言展墓，不议迁祔，姊为尼，没于近寺，终丧不临，士君子罪之。

同书同卷《卢迈传》（《新唐书》一五〇《卢迈传》同）略云：

卢迈，范阳人，少以孝友谨厚称，深为叔舅崔祐甫所亲重，两经及第，迁尚书右丞，〔贞元〕九年以本官同中书门下平章事。〔迈〕友爱恭俭，从父弟记为剑南西川判官，卒于成都，归葬于洛阳，路由京师，迈奏请至城东，哭于其柩，许之。近代宰臣多自以为崇重，五服之亲或不过从吊临，而迈独振薄俗，请临弟丧，士君子是之。

同书一八八《孝友传·崔沔传》（《新唐书》一二九《崔沔传》同，参《颜鲁公文集》一四《博陵崔孝公宅陋室铭记》）略云：

崔沔，京兆长安人，自博陵徙关中，世为著姓。沔淳谨，口无二言，事亲至孝，博学有文词，母卒，哀毁逾礼。沔善礼经，朝廷每有疑义，皆取决焉。

同书一一九《崔祐甫传》（《新唐书》一四二《崔祐甫传》同）略云：

崔祐甫，父沔黄门侍郎，谥曰孝公。家以清俭礼法为士流之则。安禄山陷洛阳，士庶奔迸，祐甫独崎危于矢石之间，潜入私庙，负木主以窜。常衮当国，非以辞赋登科者莫得进用（此语前已引），及祐甫代衮，荐延推举，无复疑滞，日除十数人，作相未逾年凡除吏八百人，多称允当。朱泚之乱，祐甫妻王氏陷贼中，泚以尝与祐甫同列，雅重其为人，乃遗王氏缯帛菽粟，王氏受而缄封之。及德宗还京，具陈其状以献，士君子益重祐甫家法，宜其享令名也。

据此，知崔损虽与沔、祐甫同属博陵崔氏，而一为当世所鄙薄之“破落户”，一为礼法名家。卢迈既是祐甫之甥，其以孝友恭俭著称，必受其父母两系门风之熏习无疑。然则崔沔、祐甫、卢迈之流，乃真山东旧族之代表，可与新兴阶级对垒相抗者也。又《旧唐书》一一九《常衮传》（《新唐书》一五〇《常衮传》同）云：

天宝末举进士，〔作相〕尤排摈非辞科登第者。

而祐甫代衮，用人不拘于进士，岂其意旨与李德裕、郑覃所持之说亦有合欤？是前日常崔之异同，即后来牛李之争执，读史者不可不知其一贯之联系也。三曰：凡牛党或新兴阶级所自称之门阀多不可信也，如杜牧《樊川集》七《牛僧孺墓志铭》（参考《旧唐书》一七二《新唐书》一七四《牛僧孺传》及《唐文粹》五六李珏撰《牛僧孺神道碑》、《新唐书》五七上《宰相世系表》“牛氏”条等）云：

八代祖弘以德行儒行相隋氏，封奇章郡公，赠文安侯。文安后四世讳凤及，仕唐为中书门下侍郎监修国史，于公为高祖。文安后五世集州刺史赠给事中讳休克，于公为曾祖。集州生太常博士赠太尉绍。太尉生华州郑县尉赠太保讳幼闻。太保生公，孤始七岁，长安下杜樊乡东文安有隋氏赐田数顷，书千卷尚存。

寅恪案：《新唐书》七五上《宰相世系表》牛氏条与牧之文微有出入。牛弘仕隋，官至吏部尚书，迄未尝一为宰相（见《隋书》四九、《北史》七二《牛弘传》，但两唐书《牛僧孺传》皆谓弘为仆射，似因此可称“相隋”，考旧史弘传止载弘卒后赠开府仪同三司光禄大夫，并未言赠仆射。又李珏撰《牛僧孺神道碑》虽亦言赐田等事，但无牛弘相隋之语，《通鉴》二三七“元和三年夏四月”条胡注则云“牛弘相隋”，盖承昔人之误也。可详考《通典》二一《职官典》三“宰相”条，兹不备论），殆以吏部尚书当天官冢宰之误。然此等俱无关宏旨，可不深论。独家有牛弘隋代赐田一事，似僧孺与弘之血统关系确凿可信，但一取与此相类之事即僧孺同党白居易、敏中兄弟家所谓前代先祖赐田者考之，则又不能不使人致疑于新兴阶级之多所依托也。

《白氏长庆集》二九《襄州别驾府君事状》云：

> 初高祖赠司空有功于北齐，诏赐庄宅各一区，在同州韩城县，至今存焉。

此所谓有功于北齐之司空即白建也。据《北齐书》四〇《白建传》（《北史》五五《白建传》略同）略云：

白建字彦举，武平七年卒，赠司空。

是白建卒于北齐未亡以前。其生存时期，周齐二国东西并峙，互相争竞。建为齐朝主兵之大臣，其所赐庄宅何得越在同州韩城，即仇雠敌国之内乎？其为依托，不待辨说也。又《新唐书》七五下《宰相世系表》“白氏”条列白居易、敏中之先世云：

白建字彦举，后周弘农郡守邵陵县男。

此白建既字彦举，与北齐主兵大臣之姓氏名字俱无差异，是即白香山所自承之祖先也。但其官则为北周弘农郡守，与北齐赠司空之事绝不能相容，其间必有窜改附会，自无可疑。岂居易、敏中之先世赐田本属于一后周姓白名某字某之弘农郡守，而其人却是乐天兄弟真正之祖宗，故其所赐庄宅能在后周境内，后来子孙远攀异国之贵显，遂致前代祖宗横遭“李树代桃”之厄耶？今虽难确定此一重公案，而新兴阶级所谓前代赐田之不能作绝对可信之物证，亦由是得以推知也。至白氏亲舅甥之婚配（见近刊《罗贞松先生遗稿》），乃新兴阶级之陋习，宜其为尊尚礼法门风之山东旧族所鄙薄。又白香山之违犯当时名教，坐不孝贬官，虽有政治性质，终亦与其门族渊源不无关系，但非兹篇所能旁及者矣。

复次，《旧唐书》一七二《令狐楚传》（《新唐书》一六六《令狐楚传》略同）云：

> 令狐楚自言国初十八学士德棻之后。

《新唐书·令狐楚传》虽删去“自言”二字，据其书七五下《宰相世系表》令狐氏条，楚实非出自德棻。然则旧传“自言”之语固不应删也。夫楚绹父子继世宰相，尤为牛党之中坚，而其家世谱牒之有所依托，亦与白敏中相同。是牛党或新兴阶级所自称之门阀不足信赖，观此可知也。

又就牛李党派之分划以进士科及旧门族为标识一点尚有须注意者，即李栖筠在天宝末年已以仕进无他涂，不得不举进士（见前引《旧唐书·武宗纪》中李德裕语），则贞元以后宰相多以翰林学士为之，而翰林学士复出自进士词科之高选，山东旧族苟欲致身通显，自宜趋赴进士之科，此山东旧族所以多由进士出身，与新兴阶级同化，而新兴阶级复已累代贵仕，转成乔木世臣之家矣。如杨收一门者可谓唐末五代间之世家也，观《旧唐书》一七七《杨收传》所云：

杨收自言隋越公素之后。

论曰："门非世胄，位以艺升。"

可为一例。然唐末黄巢失败后，朱全忠遂执统治之大权。凡借进士词科仕进之士大夫，不论其为旧族或新门，俱目为清流，而使同罹白马之祸，斯又中古政治社会之一大变也（见《旧唐书》二〇《哀帝纪》天祐二年四月癸巳敕文、一一三《裴遵庆传附枢传》及《新唐书》一四〇《裴遵庆传附枢传》等）。

又唐代新兴之进士词科阶级异于山东之礼法旧门者，尤在其放浪不羁之风习。故唐之进士一科与倡伎文学有密切关系，孙棨《北里志》所载即是一证。又如韩偓以忠节著闻，其平生著述《中香奁》一集，淫艳之词亦大抵应进士举时所作（寅恪案：此集冬郎自序中"大盗入关"之语实指黄巢陷长安而言。震钧即唐晏作韩承旨年谱乃误以大盗属之朱全忠，遂解释诗旨，多所附会，殊不可信也，以不在此篇范围，故不详辨）。然则进士之科其中固多浮薄之士，李德裕、郑覃之言殊未可厚非，而数百年社会阶级之背景实与有关涉，抑又可知矣。

如牛党之才人杜牧，实以放浪著称。《唐语林》七《补遗》所载"杜牧少登第恃才喜酒色"条，"杜舍人牧恃才名颇纵酒色”条，及其《樊川集》中《遣怀七绝》“十年一觉扬州梦，赢得青楼薄幸名”之句等皆是其证例。或疑其祖佑既为宰相，而兼通儒，是其人乃名家之子弟，似不可列之新兴阶级中。但详考其家世风习，则知佑之父希望实以边将进用（见《新唐书》一六六《杜佑传》及《唐文粹》六八权德舆撰《杜佑墓志铭》），虽亦号为旧家，并非士大夫之胜流门族。《旧唐书》一四七《杜佑传》（《新唐书》一六六《杜佑传》同）云：

〔佑〕在淮南时，妻梁氏亡后，升嬖妾李氏为正室，封密国夫人，亲族子弟言之，不从，时论非之。（寅恪案：权文公铭佑之墓，而不载李氏者，殆为之讳耶？）

又同书一二四《李正已传附师古传》（《新唐书》二一三《藩镇淄青李正已传附师古传》同）云：

〔贞元〕十五年正月，师古、杜佑、李栾妾媵并为国夫人。

又同书一三五《李齐运传》（《新唐书》一六七《李齐运

传》同）云：

> 末以妾卫氏为正室，身为礼部尚书冕服以行其礼，人士嗤诮。

又同书一八八《孝友传·李日知传》（《新唐书》一一六《李日知传》同）略云：

> 〔日知〕卒后，少子伊衡以妾为妻，家风替矣。

夫杜氏既号称旧门（见《新唐书》七二上《宰相世系表》“杜氏”条），而君卿所为乃与胡族武人同科，在当时士论，至少亦有如李伊衡之“以妾为妻，家风替矣”之叹。若取较山东士族仍保持其闺门礼法者，固区以别矣。然则牧之以进士擢第，浮华放浪，投身牛党，不独其本人性质近似使然，亦其家世风习与新兴阶级符合所致，实可与前述博陵崔损事并论，盖虽俱称旧门，仍不妨列之新兴阶级中也（可取两唐书《杜佑传附牧传》与《唐语林》七《补遗》“杜牧少登第恃才喜酒色”条附载牧子晦辞亦好色事互相参证。知其家风固习于浮薄，不同山东礼法旧门也）。

至于李商隐之出自新兴阶级，本应始终属于牛党，方合当时社会阶级之道德，乃忽结婚李党之王氏，以图仕进。不仅牛党目以放利背恩，恐李党亦鄙其轻薄无操。斯义山所以虽秉负绝代之才，复经出入李牛之党，而终于锦瑟年华惘然梦觉者欤？此五十载词人之凄凉身世固极可哀伤，而数百年社会之压迫气流尤为可畏者也（参《旧唐书》一九〇下《文苑传》、《新唐书》二〇三下《李商隐传》）。

若柳仲郢处牛李二党之间，则与义山不同，《旧唐书》一六五《柳公绰传附仲郢传》（《新唐书》一六三《柳公绰传附仲郢传》同）略云：

〔公绰〕子仲郢，元和十三年进士擢第，牛僧孺镇江夏，辟为从事。仲郢有父风，动修礼法。僧孺叹曰："非积习名教，安能及此？"〔后李〕德裕奏为京兆尹，谢日言曰："下官不期太尉恩奖及此！仰报厚德，敢不如奇章门馆。"德裕不以为嫌。仲郢严礼法，重气义，尝感李德裕之知。大中朝，李氏无禄仕者，仲郢领盐铁时，取德裕兄子从质知苏州院事，令以禄利赡南宅。令狐绹为宰相，颇不悦。仲郢与绹书自明，绹深感叹，寻与从质正员官。仲郢以礼法自持，私居未尝不拱手，内斋未尝不束带。三为大镇，厩无名马，衣不熏香，退公布卷，不舍昼夜。子玭尝著书诫其子弟。初公绰理家甚严，子弟克禀诫训，言家法者世称柳氏云。

考柳氏虽是旧门，然非山东冠族七姓之一，公绰、仲郢父子所出，亦非柳氏显著之房望（见《新唐书》七三上《宰相世系表》“柳氏”条），独家风修整，行谊敦笃，虽以进士词科仕进（公绰举贤良方正直言极谏科），受牛僧孺之知奖，自可谓之牛党，然终用家门及本身之儒素德业，得见谅于尊尚门风家学之山东旧族李德裕，故能置身牛李恩怨之外，致位通显，较李商隐之见弃于两党，进退维谷者，诚相悬远矣。君子读史见玉溪生与其东川府主升沉荣悴之所由判，深有感于士之自处，虽外来之世变纵极纷歧，而内行之修谨益不可或阙也。

牛李党派之社会背景及其分野界划既略阐明，其朝政竞争胜败进退之史实始易于解释。前论唐代中央政变皇位继承不固定之事迹至德顺之间而止，兹请续述顺宪间永贞内禅隐秘之内容。但因永贞内禅为内廷阉寺与外朝士大夫党派勾结之一显著事例，而牛李党派实又起于宪宗元和时之故，此后即取内外朝之党派与皇位继承二事合并言之。所以然者，不仅为记述便利计，亦因此二事原有内在之关联性，不得分隔论之也。

关于永贞内禅之隐秘，寅恪已于拙著《顺宗实录与续玄怪录》专论之（载《北京大学四十周年纪念论文·甲编》）。故兹于顺宗实录避免繁冗，仅录其条目，而略其原文，别更节写其他关于此事者于韩书之后，以供参证焉。

韩愈《顺宗实录》一之

〔王〕伾以〔王〕叔文意入言于宦者李忠言，称诏宣下条。

同书三之

叔文欲带翰林学士，宦者俱文珍等恶其专权，削去翰林之职条。

同书四之

天下事皆专断于叔文，而王伾、李忠言为之内主，〔韦〕执谊执行于外，而中官刘光琦、俱文珍、薛盈珍、尚解玉者皆先朝任使旧人同心猜怨条。

同书五之

叔文入至翰林，伾入至柿林院，见李忠言、牛昭容条。

《新唐书》二〇七《宦者传·上·刘贞亮即俱文珍传》（《旧唐书》一八四《宦官传·俱文珍传》略同）略云：

贞元末宦人领兵，附顺者益众。会顺宗立，淹瘖弗能朝，惟〔宦者〕李忠言、牛美人侍。美人以帝旨付忠言，忠言授王叔文，叔文与柳宗元等裁定，然后下中书，然未得纵，欲遂夺神策兵以自强，即用范希朝为京西北禁军都将，收宦者权。而忠言素懦谨，每见叔文，与论事，无敢异同。唯贞亮乃与之争，又恶朋党炽结，因与中人刘光琦、薛文珍、尚衍、解玉、吕如全等同劝帝立广陵王为太子监国，帝纳其奏。元和八年卒，宪宗思其翊戴之功，赠开府仪同三司。（此十五字旧传之文。）

《旧唐书》一五九《路随传》（《新唐书》一四二《路随传》同）略云：

> 初韩愈撰《顺宗实录》，说禁中事颇切直，内官恶之，往往于上前言其不实，累朝有诏改修。及随进《宪宗实录》，文宗复令改正永贞时事。随奏曰："伏望条示旧记最错误者，宣付史官，委之修定。"诏曰："其《实录》中所书德宗、顺宗朝禁中事宜，〔宜〕令史官详正刊去，其他不要更修！"

寅恪案：宪宗之得立为帝，实由宦者俱文珍等之力。文珍与其同类李忠言异趣，故内廷文珍之党竞胜，王伾、王叔文固不待论，而外廷之士大夫韦执谊、刘禹锡、柳宗元等遂亦不得不退败矣。

韩退之本与文珍有连（见《昌黎外集》三《送俱文珍序》及王鸣盛《蛾术编》五七），其述永贞内禅事，颇袒文珍等。其公允之程度虽有可议，而其纪内廷宦官之非属一党及压迫顺宗拥立宪宗之隐秘转可信赖。惟其如此，后来阉寺深不欲外人窥知，所以屡图毁灭此禁中政变之史料也。刘禹锡《梦得外集》九《子刘子自传》述永贞内禅事云：

> 时太上（顺宗）久寝疾，宰臣用事者都不得召对，宫掖事秘，而建桓立顺，功归贵臣。

梦得在当时政治上与退之处于反对地位者（观《昌黎集》一《赴江陵途中》诗“同官尽才俊，偏善柳与刘，或虑言语泄，传之落冤雠”等语。又三《永贞行及忆昨行》诗“伾文未揃崖州炽，虽得赦宥恒愁猜”之句，可以为证，其详不能于此言之也），而所言禁中事亦与退之相同。然则韩刘之述作皆当时俱文珍一党把持宫掖胁迫病君拥立皇子之实录，而永贞内禅乃唐代皇位继承之不固定及内廷阉寺党派影响于外朝士大夫之显著事例也。

又《旧唐书》一五九《崔群传》（《新唐书》一六五《崔群传》同）云：

> 群臣议上尊号，皇甫镈欲加“孝德”二字。群曰：有“睿圣”，则“孝德”在其中矣。竟为镈所构，宪宗不乐，出为湖南观察都团练使。

寅恪案：皇甫镈以靳惜“孝德”二字构崔群，宪宗竟信其语，因之不乐而出群。据此，宪宗之于其父，似内有惭德也。然则永贞内禅一役必有隐秘不能昌言者，从可知矣。

牛李党派之争起于宪宗之世，宪宗为唐室中兴英主，其为政宗旨在矫正大历、贞元姑息苟安之积习，即用武力削平藩镇，重振中央政府之威望。当时主张用兵之士大夫大抵属于后来所谓李党，反对用兵之士大夫则多为李吉甫之政敌，即后来所谓牛党。而主持用兵之内廷阉寺一派又与外朝之李党互相呼应，自不待言。是以元和一朝此主用兵派之阉寺始终柄权，用兵之政策因得以维持不改。及内廷阉寺党派竞争既烈，宪宗为别一反对派之阉寺所弑，穆宗因此辈弑逆徒党之拥立而即帝位，于是“销兵”之议行，而朝局大变矣（后来牛李二党魁维州之异同与此点亦有关，不仅由僧孺之嫉功也。可参考《旧唐书》一七二《新唐书》一七四《牛僧孺传》及《唐文粹》五六李珏撰《牛僧孺神道碑》、杜牧《樊川集》七《牛僧孺墓志铭》，而《通鉴》二四七“会昌三年三月”条司马光之论及胡三省之注尤可注意也）。

《旧唐书》一八四《宦官传·吐突承璀传》（《新唐书》二〇七《宦者传·上·吐突承璀传》同）略云：

> 吐突承璀幼以黄门直东宫，宪宗即位，授内常侍，知内侍省事，俄授左军中尉。元和四年王承宗叛，诏以承璀为河中等道赴镇州行营兵马招讨等使。谏官上疏相属，皆言：“自古无中贵人为兵马统帅者”，宪宗不获已，改为充镇州已东招抚处置等使。出师经年无功，承璀班师，仍

为禁军中尉。段平仲抗疏，极论承璀轻谋弊赋，请斩之以谢天下。宪宗不获已，降为军器使，俄复为左卫上将军知内侍省事，出为淮南节度监军使，上待承璀之意未已，而宰相李绛在翰林时数论承璀之过，故出之。八年欲召承璀还，乃罢绛相位，承璀还复为神策中尉。惠昭太子薨，承璀建议请立澧王宽为太子，宪宗不纳，立遂王宥。穆宗即位，衔承璀不佑已，诛之。

同书一六四《李绛传》（《新唐书》一五二《李绛传》多采《李相国论事集》，可参读）云：

吐突承璀恩宠莫二，是岁（元和六年）将用绛为宰相，前一日出承璀为淮南监军，翌日降制，以绛为中书侍郎同中书门下平章事。同列李吉甫便僻善逢迎上意，绛梗直多所规谏，故与吉甫不协，时议者以吉甫通于承璀，故绛尤恶之。

同书一四八《李吉甫传》（《新唐书》一四六《李栖筠传附吉甫传》同）云：

刘辟反，帝（宪宗）命诛讨之，计未决，吉甫密赞其谋，兼请广征江淮之师，由三峡路入，以分蜀寇之力，事皆允从，由是甚见亲信。淮西节度使吴少阳卒，其子元济请袭父位，吉甫以淮西内地，不同河朔，且四境无党援，国家常宿数十万兵以为守御，宜因时而取之，颇叶上旨，始为经度淮西之谋。

《新唐书》二〇一《文艺传·上·元万顷传附义方传》（《通鉴》二三八“元和七年正月辛未”条同）云：

历虢商二州刺史福建观察使，中官吐突承璀闽人也，义方用其亲属为右职，李吉甫再当国，阴欲承璀奥助，即召义方为京兆尹。（寅恪案：《新唐书》及《通鉴》俱采自《李相国论事集》。）

寅恪案：宪宗与吐突承璀之关系可谓密切矣。故元和朝用兵之政策必为在内廷神策中尉吐突承璀所主持，而在外朝赞成用兵之宰相李吉甫其与承璀有连，殊不足异也。至《旧唐书》一三七《吕渭传附温传》（《新唐书》一六〇《吕渭传附温传》同）云：

〔元和〕三年吉甫为中官所恶，将出镇扬州，温欲乘其有间，倾之。

其所谓中官疑是宦官中之别一党派，与吐突承璀处于反对之地位者也。

《旧唐书》一六七《李逢吉传》（《新唐书》一七四《李逢吉传》同，并参《旧唐书》一七二《新唐书》一六六《令狐楚传》）云：

时用兵讨淮蔡，宪宗以兵机委裴度。逢吉虑其成功，密沮之，由是相恶。及度亲征，学士令狐楚为度制辞，言不合旨。楚与逢吉相善，帝皆黜之，罢楚学士，罢逢吉政事。

同书一七〇《裴度传》（《新唐书》一七三《裴度传》同，并参《旧唐书》一七二《新唐书》一〇一《萧瑀传附俛传》、《旧唐书》一六八《新唐书》一七七《钱徽传》等）云：

先是诏群臣各献诛吴元济可否之状，朝臣多言罢兵赦罪为便，翰林学士钱徽萧俛语尤切。唯度言：贼不可赦。

寅恪案：元和廷议用兵淮蔡之时，宪宗总持于上，吐突承璀之流主张于内，而外朝士大夫持论虽有异同，然其初未必遽有社会阶级之背景存乎其间也。不意与吐突承璀交结赞助用兵出自山东旧门之外廷宰相李吉甫，其个人适为新兴阶级之急进派牛僧孺等所痛诋，竟酿成互相报复之行动。夫两派既势不并立，自然各就其气类所近招求同党，于是两种不同社会阶级争取政治地位之竞争，遂因此表面形式化矣。及其后斗争之程度随时间之久长逐渐增剧，当日士大夫纵欲置身于局外之中立，亦几不可能。如牛党白居易之以消极被容（乐天幸生世较早耳，若升朝更晚，恐亦难幸免也），柳仲郢之以行谊见谅，可谓例外。其余之人若无固定显明之表示，如出入牛李未能始终属于一党之李商隐，则卒为两党所俱不收，而“名宦不进，坎坷终身”（《旧唐书》一九〇下《文苑传·下·李商隐传》语）。此点为研究唐代中晚之际士大夫身世之最要关键，甚不可忽略者也。

《旧唐书》一七六《李宗闵传》（《新唐书》一七四《李宗闵传》同，并参考《新唐书》一七四《牛僧孺传》、《旧唐书》一四八《新唐书》一六九《裴垍传》、《旧唐书》一五八《新唐书》一六九《韦贯之传》、《旧唐书》一六四《新唐书》一六三《杨于陵传》、《旧唐书》一六九《新唐书》一七九《王涯传》、《旧唐书》一四《宪宗纪·下》“元和三年夏四月”条、《通鉴》二三七“元和三年四月”条等）云：

> 李宗闵，宗室郑王元懿之后，贞元二十一年进士擢第，元和四年（寅恪案：四年当作三年）复登制举贤良方正科。初宗闵与牛僧孺同年登进士第，又与僧孺同年登制科。应制之岁，李吉甫为宰相当国，宗闵、僧孺对策指切时政之失，言甚鲠直，无所回避。考策官杨于陵、韦贯之、李益等又第其策，为中等，又为不中第者注解牛李策语，同为唱诽。又言：翰林学士王涯甥皇甫湜中选，考核之际不先上言，裴垍时为学士，居中覆视，无所异同。吉甫泣诉于上前，宪宗不获已，罢王涯、裴垍学士。垍守户部侍郎，涯守都官员外郎，吏部尚书杨于陵出为岭南节度使，吏部员外郎韦贯之出为果州刺史，王涯再贬虢州司马，贯之再贬巴州刺史。僧孺、宗闵亦久之不调，随牒诸侯府，七年吉甫卒，方入朝为监察御史。

《旧唐书》一七一《张仲方传》（《新唐书》一二六《张九龄传附仲方传》同，并参考《白氏长庆集》六一《张仲方墓志铭》）略云：

张仲方，韶州始兴人，伯祖文献公九龄开元朝名相。仲方贞元中进士擢第，宏辞登科，历侍御史仓部员外郎。会吕温、羊士谔诬告宰相李吉甫阴事，二人俱贬。仲方坐吕温贡举门生，出为金州刺史（寅恪案：此亦座主门生关系密切之例证）。吉甫卒，入为度支郎中。时太常定吉甫谥为恭懿，博士尉迟汾请为敬宪。仲方驳议曰："兵者凶器，不可从我始。师徒暴野，戎马生郊，僵尸血流，胔骼成岳，酷毒之痛号诉无辜。剿绝群生，迨今四载，祸胎之肇实始其谋。请俟蔡寇将平，天下无事，然后都堂聚议，谥亦未迟。"宪宗方用兵，恶仲方深言其事，怒甚，贬为遂州司马。

同书一七二《萧俛传》（《新唐书》一〇一《萧瑀传附俛传》同）略云：

萧俛曾祖太师徐国公嵩开元中宰相，俛贞元七年进士擢第，元和六年召充翰林学士，九年改驾部郎中，知制诰，内职如故，坐与张仲方善。仲方驳李吉甫谥议，言用兵征发之弊由吉甫而生。宪宗怒，贬仲方，俛亦罢学士，左授太仆少卿。

同书一七九《萧遘传》（《新唐书》一〇一《萧俛传附遘传》同）略云：

> 萧遘，兰陵人，开元朝宰相太师徐国公嵩之四代孙（寅恪案："四"字误）。遘以咸通五年登进士第，志操不群，自比李德裕，同年皆戏呼"太尉"。

寅恪案：新兴阶级党派之构成，进士词科同门之关系乃一重要之点，前论李绛及杨嗣复事已涉及之。今观《李宗闵传》，益为明显。至李吉甫为人固有可议之处，而牛李诋斥太甚，吉甫亦报复过酷，此所以酿成士大夫党派竞争数十年不止也。张仲方乃九龄之侄孙，九龄本为武后所拔擢之进士出身新兴阶级。据《大唐新语》七《识量》篇（参考《旧唐书》一〇六《李林甫传》、《新唐书》二一六《张九龄传》、《通鉴》二一四"开元二十四年冬十月"条）云：

> 牛仙客为凉州都督，节财省费，军储所积万计。玄宗大悦，将拜为尚书，张九龄谏曰："不可。"玄宗怒曰："卿以仙客寒士嫌之耶？若是，如卿岂有门籍？"九龄顿首曰："〔臣〕荒陬贱类，陛下过听，以文学用臣；

仙客起自胥吏，目不知书，韩信淮阴一壮士耳，羞与绛灌同列，陛下必用仙客，臣亦耻之。”

又《国史补·上》（参考《太平广记》一八四《氏族类》）云：

张燕公好求山东婚姻，当时皆恶之，及后与张氏为亲者乃为甲门。

及《新唐书》一九九《儒学传·中·孔若思传附至传》云：

明氏族学，与韦述、萧颖士、柳冲齐名，撰《百家类例》，以张说等为“近世新族”，剟去之。说子垍方有宠，怒曰：“天下族姓何豫若事，而妄纷纷邪？”垍弟素善至，以实告。初，书成，示韦述，述谓可传，及闻垍语，惧，欲更增损。述曰：“止！丈夫奋笔成一家书，奈何因人动摇，有死，不可改！”遂罢。时述及颖士、冲皆撰《类例》，而至书称工。

可知始兴张氏实为以文学进用之寒族，即孔至之所谓“近世新族”之列。宜乎张说与九龄共通谱牒，密切结合，由二人之气类本同也。因是，九龄侄孙仲方与山东旧门李吉甫气类绝不相近，亦成为反对之党。若兰陵萧氏元是后梁萧察之裔，而加入关陇集团，与李唐皇室对于新旧两阶级之争得处于中立地位者相似。故萧俛由进士出身，成为牛氏之党，而萧遘虽用进士擢第，转慕李文饶之为人，乃取以自况也。

元和朝虽号称中兴，然外朝士大夫之党派既起，内廷阉寺党派之竞争亦剧，遂至牵涉皇位继承问题，而宪宗因以被弑矣。

《旧唐书》一七五《澧王恽传》（《新唐书》八二《澧王恽传》同）云：

> 澧王恽，宪宗第二子也，本名宽。吐突承璀恩宠特异，惠昭太子薨，议立储贰，承璀独排众议属澧王，欲以威权自树。赖宪宗明断不惑，及宪宗晏驾承璀赐死，王亦薨于其夕。

同书一五九《崔群传》（《新唐书》一六五《崔群传》同）云：

> 元和七年，惠昭太子薨，穆宗时为遂王，宪宗以澧王

居长，且多内助，将建储贰，命群与澧王作让表。群上言曰："大凡己合当之，则有陈让之仪；己不合当，因何遽有让表？今遂王嫡长，所宜正位青宫。"竟从其奏。

同书一八四《宦官传·吐突承璀传》(《新唐书》二〇七《宦者传·上·吐突承璀传》同)云：

惠昭太子薨，承璀建议请立澧王宽为太子，宪宗不纳，立遂王宥，穆宗即位，衔承璀不佑己，诛之。(前文已引，兹为论述之便利，特重录之。)

同书同卷《王守澄传》(《新唐书》二〇八《宦者传·下·王守澄传》同，并参考《旧唐书》一四《新唐书》七《宪宗纪》及《旧唐书》一五九、《新唐书》一四二《韦处厚传》中"不讳内恶"之语)云：

宪宗疾大渐，内官陈弘庆等弑逆。宪宗英武，威德在人，内官秘之，不敢除讨，但云：药发暴崩。时守澄与中尉马进潭、梁守谦、刘承偕、韦元素等定册立穆宗皇帝。

《通鉴》二四一“元和十五年正月”条（参考《旧唐书》一二〇《新唐书》一三七《郭子仪传附钊传》）云：

初左军中尉吐突承璀谋立澧王恽为太子，上（宪宗）不许，及上寝疾，承璀谋尚未息，太子（穆宗）闻而忧之，密遣人问计于司农卿郭钊，钊曰：“殿下但孝谨以俟之，勿恤其他！”钊，太子之舅也。

《新唐书》八《宣宗纪》云：

大中十二年二月废穆宗忌日，停〔穆宗〕光陵朝拜及守陵宫人。

《通鉴》二四九“大中十二年二月甲子朔”条纪此事，胡注云：

以陈弘志弑逆之罪归穆宗也。

裴廷裕《东观奏记·上》云：

宪宗皇帝晏驾之夕，上（宣宗）虽幼，颇记其事，追恨光陵商臣之酷，即位后，诛锄恶党无漏网者。郭太后以上英察孝果，且怀惭惧。时居兴庆宫，与一二侍儿同升勤政楼，倚衡而望，便欲殒于楼下，欲成上过，左右急持之。即闻于上，上大怒，其夕太后暴崩，上志也。

《通鉴考异》“大中二年”条引《宣宗实录》，并附按语云：

〔大中二年〕五月戊寅以太皇太后寝疾，权不听政，宰臣率百僚问太后起居。己卯复问起居，下遗令。是日太后崩。初上（宣宗）篡位，以宪宗遇弑，颇疑太后在党中，至是暴得疾崩，帝之志也。六月贬礼院检讨官王皞为润州句容令，以皞抗疏请郭后合葬景陵（宪宗陵名）配飨宪宗庙室故也。

〔司马光〕按，《实录》所言暴崩事，皆出《东观奏记》，若实有此事，则既云“是夕暴崩”，何得前一日先下诏云“以太后寝疾，权不听政”？若无此事，廷裕岂敢辄诬宣宗？或者，郭后实以病终，而宣宗以平日疑忿之心，欲黜其礼，故皞争之，疑以传疑，今参取之。

寅恪案：元和末年内廷阉寺吐突承璀一派欲以澧王恽继皇位，王守澄一派欲立遂王宥即后来之穆宗，竞争至剧。吐突承璀之党失败，宪宗遇弑，穆宗因得王守澄党之拥戴而继位矣。至郭后乃穆宗之生母，其预知弑逆之谋，似甚可能。司马君实所论虽不失史家审慎忠厚之旨，但参取两端，颇近模棱，难以信从。盖裴廷裕比穆宗于商臣，若非确有所据，必不敢为此诬妄之说也。鄙意郭后之暴崩倘果出于宣宗之志，则崩前一日何不可预作伏笔？或者，即因有前日寝疾之诏，遂促成次日暴崩之事乎？总之，宫掖事秘，虽不宜遽断，然皇位继承之不固定及阉寺党派之竞争二端，与此唐室中兴英王宪宗之结局有关，则无可疑也（《钟辂前定录》“李生”条亦纪懿安太后为宣宗幽崩事，又日本僧圆仁《入唐求法记》四所载郭太后被药杀事，则年月名号俱有讹误也）。

复次，内廷阉寺中吐突承璀之党即主张用兵之党既失败，其反对党得胜，拥立穆宗，故外朝宰相即此反对党之附属品，自然亦不主张用兵，而“销兵”之议遂成长庆一朝之国策矣。

《旧唐书》一六《穆宗纪》云：

长庆元年二月乙酉天平军节度使马总奏：当道见管军士三万三千五百人，从去年正月以后，情愿居农者放，逃亡者不捕。先是平定河南，及王承元去镇州，宰臣萧俛等不顾远图，乃献“销兵”之议，请密诏天下军镇，每年限百人内八人逃死，故总有是奏。

同书一七二《萧俛传》（《新唐书》一〇一《萧瑀传附俛传》略同）云：

穆宗乘章武（宪宗）恢复之余，即位之始两河廓定，四鄙无虞，而俛与段文昌屡献太平之策，以为兵以静乱，时已治矣，不宜黩武，劝穆宗休兵偃武，又以兵不可顿去，请密诏天下军镇有兵处每年百人之中限八人逃死，谓之“消兵”。帝既荒纵，不能深料，遂诏天下，如其策而行之。而藩籍之卒合而为盗，伏于山林。明年朱克融、王廷凑复乱河朔，一呼而遣卒皆至。朝廷方征兵诸藩，籍既不充，寻行招募，乌合之徒动为贼败，由此复失河朔，盖“消兵”之失也。

寅恪案：“销兵”之数每年仅限百分之八，且历时甚短，其所以发生如是之大影响者，盖当时河朔为胡化区域，其兵卒皆善战之人，既被裁遣，“合而为盗”，遂为朱克融、王廷凑所利用，而中央政府征募之人自然不能与河朔健儿为敌也。

又《旧唐书》一六六《元稹传》（《新唐书》一七四《元稹传》略同）云：

> 荆南监军崔潭峻甚礼接稹，不以掾吏遇之，常征其诗什讽诵之。长庆初潭峻归朝，出稹《连昌宫词》等百余篇奏御，穆宗大悦。

《新唐书》一七九《李训传》（参考《新唐书》二〇八《宦者传·下·王守澄传》）云：

> 宦人陈弘志时监襄阳军，训启帝（文宗）召还，至青泥驿，遣使者杖杀之。复以计白罢〔王〕守澄观军容使，赐鸩死。又逐西川监军杨承和、淮南韦元素、河东王践言于岭外，已行，皆赐死。而崔潭峻前物故，诏剖棺鞭尸，元和逆党几尽。

据《新唐书·李训传》明言崔潭峻为元和逆党，但宪宗于元和十五年正月二十七日被弑，则《旧唐书·元稹传》“长庆初潭峻归朝”之语微有未妥，故《新唐书·元稹传》改作“长庆初潭峻方亲幸”也。夫潭峻既为拥立穆宗之元和逆党中人，其主张“销兵”自不待言，于是知元才子《连昌宫词》全篇主旨所在之结句“努力庙谟休用兵”一语，实关涉当时政局国策，世之治史读诗者幸勿等闲放过也（参考一九三三年六月《清华学报》拙著《读〈连昌宫词〉质疑》。又宦官王践言为元和逆党之一，而文宗大和九年八月丙申诏书以李德裕与之连结者，盖践言曾言送还吐蕃悉怛谋之非计，与德裕主张相合，李训、郑注遂借之以为说耳。详见《新唐书》一七四《李宗闵传》、《旧唐书》一七四《新唐书》一八〇《李德裕传》等，兹不能悉论也）。

《新唐书》八《敬宗纪》（参考《旧唐书》一七上《敬宗纪》）略云：

> 敬宗讳湛，穆宗长子也，始封鄂王，徙封景王。长庆二年穆宗因击球暴得疾，不见群臣者三日，左仆射裴度三上疏请立皇太子，而翰林学士两省官相次皆以为言。穆宗疾少间，宰相李逢吉请立景王为皇太子（癸巳诏以景王为皇太子）。四年正月穆宗崩，丙子皇太子即皇帝位。

《旧唐书》一七三《李绅传》（《新唐书》一八一《李绅

传》同）略云：

王守澄每从容谓敬宗曰："陛下登九五，〔李〕逢吉之助也。先朝初定储贰，唯臣备知。时翰林学士杜元颖、李绅劝立深王，而逢吉固请立陛下，李续之、李虞继献章疏。"帝虽冲年，亦疑其事。会逢吉言："李绅在内署时，尝不利于陛下，请行贬逐。"帝初即位，方倚大臣，不能自执，乃贬绅端州司马。会禁中检寻旧事，得穆宗时封书一箧，发之，得裴度、杜元颖与绅三人所献疏，请立敬宗为太子。帝感悟兴叹，悉命焚逢吉党所上谤书。由是谗言稍息，绅党得保全。

李德裕党刘轲《牛羊日历》云：

穆宗不豫，宰臣议立敬宗为皇太子，时牛僧孺独怀异志，欲立诸子。僧儒乃昌言于朝曰："梁守谦、王守澄将不利于上"，又使杨虞卿汉公辈言于外曰："王守澄欲谋废立"，又于街衢门墙上施榜，每于穆宗行幸处路傍或苑内草间削白而书之（寅恪案：牛党所为殊似今日通衢广张之效颦外国政党宣传标语，岂知吾中国人早已发明此方法耶？可笑，可叹！），冀谋大乱。其凶险如此。

寅恪案：敬宗为穆宗长子，故外朝诸臣请立为皇储，又值穆宗初即位，元和逆党方盛之时，其党魁王守澄既赞成其事，而穆宗不久即崩，其皇位继承权所以幸未动摇也。然观外廷士大夫如李逢吉、刘轲之流俱借皇储问题互诋其政敌，并牵涉禁中阉寺党魁，则唐代皇位继承之不固定及内廷阉寺党派与外朝士大夫党派互相关系，于此复得一例证矣。

《旧唐书》一七上《敬宗纪》（《新唐书》八《敬宗纪》同）云：

〔宝历二年十二月〕辛丑帝夜猎还宫，与中官刘克明、田务成（成，《通鉴》作澄）、许文端打球，军将苏佐明、王嘉宪、石定克等二十八人饮酒。帝方酣，入室更衣，殿上烛忽灭，刘克明等同谋害帝，即时殂于室内。

《新唐书》八《文宗纪》（《旧唐书》一七上《文宗纪》同）云：

文宗讳昂（初名涵），穆宗第二子也，始封江王。宝历二年十二月敬宗崩，刘克明等矫诏，以绛王悟勾当军国事。壬寅内枢密使王守澄、杨承和、神策护军中尉魏从简、梁守谦奉江王而立之，率神策六军飞龙兵诛克明，杀绛王。

《旧唐书》一五九《韦处厚传》（《新唐书》一四二《韦处厚传》同）云：

宝历季年急变中起，文宗底绥内难，诏命将降，未有所定。处厚闻难奔赴，昌言曰："《春秋》之法，大义灭亲，内恶必书，以明逆顺，正名讨罪，于义何嫌？安可依违，有所避讳？"遂奉藩教行焉。

《通鉴》二四三"宝历二年十二月"条云：

〔宦官〕刘克明等矫称上（敬宗）旨，命翰林学士路随草遗制，以绛王悟权勾当军国事。壬寅宣遗制，绛王见宰相百官于紫宸殿外庑。克明欲易置内侍之执权者，于是枢密使王守澄、杨承和、中尉魏从简、梁守谦定议，以卫兵迎江王涵入宫，发左右神策飞龙兵进讨贼党，尽斩之。克明赴井，出而斩之，绛王为乱兵所害。

寅恪案：宪宗为宦官所弑，阉人以其为英武之主，威望在人，若发表实情，恐外间反对者借此声讨其族类，故讳莫如深。前论《顺宗实录》事引《旧唐书·路随传》，可以为证。及敬宗又为宦官所弑，当时阉人初亦应有所顾虑，然其所以卒从韦处厚之说，公开宣布者，则由敬宗乃童昏之君，不得比数于宪宗，遂以为无足讳言也。至敬宗及绛王悟之被弑害，与夫文宗之得继帝位，均是内廷阉寺刘克明党与王守澄党竞争下之附属牺牲品及傀儡子耳，亦可怜哉！斯又唐代皇位继承不固定与阉寺党争关系之一例证也。

文宗一朝为牛李党人参杂并进竞争纷剧之时期，故《旧唐书》一七六《李宗闵传》（《新唐书》一七四《李宗闵传》同）云：

> 文宗以二李（寅恪案：二李谓宗闵及德裕也，宗闵代表牛党）朋党，绳之不能去，尝谓侍臣曰："去河北贼非难，去此朋党实难。"

夫唐代河朔藩镇有长久之民族社会文化背景，是以去之不易，而牛李党之政治社会文化背景尤长久于河朔藩镇，且此两党所连结之宫禁阉寺，其社会文化背景之外更有种族问题，故文宗欲去士大夫之党诚甚难，而欲去内廷阉寺之党则尤难，所以卒受“甘露之祸”也。况士大夫之党乃阉寺党之附属品，阉寺既不能去，士大夫之党又何能去耶？及至唐之末世，士大夫阶级暂时联合，与阉寺全体敌抗，乃假借别一社会阶级即黄巢余党朱全忠之武力，终能除去阉寺之党。但士大夫阶级本身旋罹摧残之酷，唐之皇室亦随以覆亡，其间是非成败详悉之史实虽于此不欲置论，而士大夫阶级与阉寺阶级自文宗以后，在政治上盛衰分合互相关涉之要点，则不得不述其概略也。

就牛李党人在唐代政治史之进退历程言之，两党虽俱有悠久之历史社会背景，但其表面形式化则在宪宗之世。此后纷乱斗争，愈久愈烈。至文宗朝为两党参错并进，竞逐最剧之时。武宗朝为李党全盛时期，宣宗朝为牛党全盛时期，宣宗以后士大夫朋党似已渐次消泯，无复前此两党对立、生死搏斗之迹象，此读史者所习知也。然试一求问此两党竞争之历程何以呈如是之情状者，则自来史家甚少有解答。鄙意外朝士大夫朋党之动态即内廷阉寺党派之反影。内廷阉寺为主动，外朝士大夫为被动。阉寺为两派同时并进，或某一时甲派进而乙派退，或某一时乙派进而甲派退，则外朝之士大夫亦为两党同时并进，或某一时甲党进而乙党退，或某一时乙党进而甲党退。迄至后来内廷之阉寺“合为一片”（此唐宣宗语，见下文所引）全体对外之时，则内廷阉寺与外廷士大夫成为生死不两立之仇敌集团，终于事势既穷，乞援外力，遂同受别一武装社会阶级之宰割矣。兹略引旧史，稍附论释，借以阐明唐代内廷阉寺与外朝士大夫党派关联变迁之历程于下，或可少补前人之所未备言者欤？

《旧唐书》一六九《李训传》（《新唐书》一七九《李训传》同）略云：

> 文宗以宦者权宠太过，继为祸胎。元和末弑逆之徒尚在左右，虽外示优假，心不堪之。思欲芟落本根，以雪雠耻。九重深处，难与将相明言，前与侍讲宋申锡谋，谋之不臧，几成反噬（寅恪案：事见《旧唐书》一六八《新唐书》一五二《宋申锡传》），自是巷伯尤横。因郑注得幸〔王〕守澄，俾之援训，冀黄门不疑也。训既秉权衡，即谋诛内竖。中官陈弘庆者，自元和末负弑逆之名，忠义之士无不扼腕。时为襄阳监军，乃召自汉南，至青泥驿，遣人封杖决杀。王守澄自长庆已来知枢密，典禁军，作威作福。训既作相，以守澄为六军十二卫观军容使，罢其禁旅之权，寻赐鸩杀。训愈承恩顾，黄门禁军迎拜戢敛。

同书同卷《郑注传》（《新唐书》一七九《郑注传》同）略云：

是时〔李〕训、〔郑〕注之权赫于天下，既得行其志，生平恩雠丝毫必报。因杨虞卿之狱挟忌李宗闵、李德裕。心所恶者，目为二人之党，朝士相继斥逐，班列为之一空（寅恪案：此事可参考《旧唐书》一七下《文宗纪·下》大和九年八月九月有关诸条，及同书一七四《李德裕传》、一七六《李宗闵传》，《新唐书》一七四《李宗闵传》、一八〇《李德裕传》等）。注自言有金丹之术，可去痿弱重膇之疾。始李愬自云得效，乃移之〔王〕守澄，亦神其事，由是中官视注皆怜之。卒以是售其狂谋，而守澄自贻其患。

同书一八四《宦官传·王守澄传》（《新唐书》二〇八《宦者传·下·王守澄传》同）略云：

时仇士良有翊上之功，为守澄所抑，位未通显。〔李〕训奏用士良分守澄之权，乃以士良为左军中尉。守澄不悦，两相矛盾。训因其恶，大和九年帝（文宗）令内养李好古赍鸩赐守澄，秘而不发。守澄死，仍赠扬州大都督。其弟守涓为徐州监军，召还，至中牟，诛之。守澄豢养训、〔郑〕注，反罹其祸。人皆快其受佞，而恶训、注之阴狡。

《新唐书》一七四《李宗闵传》（《旧唐书》一七六《李宗闵传》略同）略云：

〔李〕训、〔郑〕注劾宗闵异时阴结驸马都尉沈𬓍、内人宋若宪、宦者韦元素、王践言等求宰相，而践言监军剑南，受〔李〕德裕赇，复与宗闵家私，乃贬宗闵潮州司户参军事，𬓍逐柳州，元素等悉流岭南，亲信并斥。时训、注欲以权市天下，凡不附己者，皆指以二人党逐去之，人人骇栗。帝乃诏宗闵、德裕姻家门生故吏自今一切不问。

《通鉴》二四五“大和九年六月”条（参考《新唐书》二〇八《宦者传·下·王守澄传》）云：

神策左军中尉韦元素、枢密使杨承和、王践言居中用事，与王守澄争权不叶，李训、郑注因之，出承和于西川，元素于淮南，践言于河东，皆为监军。

寅恪案：李训、郑注所以能异于宋申锡，几成扫除阉寺之全功者，实在利用阉寺中自分党派，如王守澄与仇士良、韦元素等之例是也。又当时牛李党人各有其勾结之中官，训、注之进用本皆由于阉寺，故能悉其隐秘，遂欲同时一举将阉寺及士大夫诸党派俱排斥而尽去之也。当日阉寺之党派既是同时并进，互相争斗，达于剧烈之高点，故士大夫之党派各承其反影，亦复如之。斯为文宗一朝政治上最要之关键，前人论此，似少涉及者，特为标出之如此。

《新唐书》一七九《李训传》（《旧唐书》一六九《李训传》同）略云：

〔训〕出〔郑〕注，使镇凤翔，外为助援，擢所厚善，分总兵柄。于是王璠为太原节度使，郭行余为邠宁节度使，罗立言权京兆尹，韩约金吾将军，李孝本御史中丞。阴许璠、行余多募士，及金吾台府卒劫以为用。〔大和九年〕十一月壬戌（二十一日）帝（文宗）御紫宸殿，约奏："甘露降金吾左仗树。"〔帝〕辇如含元殿，诏宰相群臣往视，还，训奏："非甘露。"帝顾中尉仇士良、鱼弘志等验之。训因欲闭止诸宦人，使无逸者。时璠、行余皆辞赴镇，兵列丹凤门外。训传呼曰："两镇军入受诏旨！"闻者趋入，邠宁军不至。宦人至仗所，会风动庑幕，见执兵者，士良等惊走出。阍者将阖扉，为宦侍叱争，不及闭。训急，连呼金吾兵曰："卫乘舆者，人赐钱百千！"于是有随训入者。宦人曰："事急矣！"即扶辇，决罘罳下殿趋。训攀辇曰："陛下不可去！"士良曰："李训反。"帝曰："训不反。"士良手搏训而踬，训压之，将引刀靴中，救至，士良免。立言、孝本领众四百东西来上殿，与金吾士纵击，宦官死数十人。训持辇愈急，至宣政门，宦人郗志荣揕训，仆之，辇入东上阁即闭，宫中呼万岁。会士良遣神策副使刘泰伦、陈君奕等率卫士五百挺兵出，所值辄杀，杀诸司史六七百人，复分兵屯诸宫门，捕训党千余人，斩四方馆，流血成渠。

赞曰：李德裕尝言："天下有常势，北军是也。"训因王守澄以进，此时出入北军，若以上意说诸将，易如靡风，而反以台府抱关游徼抗中人，以搏精兵，其死宜哉！文宗尝称训天下奇才。德裕曰："训曾不得齿徒隶，尚何才之云？"世以德裕言为然。（寅恪案：李德裕语见其所著《穷愁志奇才论》。）

寅恪案：此甘露事变之一幕悲剧也。当时中央政权寄托于皇帝之一身，发号施令必用其名义，故政权之争，其成败关键在能否劫持皇帝一人而判定。夫皇帝之身既在北军宦官掌握之内，若不以南衙台府抱关游徼敌抗神策禁旅，则当日长安城中，将用何等兵卒与之角逐乎？此甘露变后所以仅余以藩镇武力对抗阉寺北军之唯一途径，是即崔淄郎之所取用而奏效，但为当世及后世所诟病者也。至谓“以上意说〔北军〕诸将，易如靡风”，则天下事谈何容易！在大和之前即永贞之时，王叔文尝谋夺阉寺兵柄，举用范希朝韩泰，卒无所成（事见韩愈《顺宗实录》五及《旧唐书》一三五《新唐书》一六八《王叔文传》），况文宗朝宦官盘踞把持之牢固更有甚于顺宗时者乎？而韩退之《永贞行》（《昌黎集》三）所云：

> 君不见太皇（顺宗）谅阴未出令，小人乘时偷国柄。北军百万虎与貔，天子自将非他师。（寅恪案：神策军实宦官所将耳，非天子自将也，退之此语无乃欺人之甚耶？）一朝夺印付私党，懔懔朝士何能为？

不过俱文珍私党之诬词，非公允之论也。然则李训实为“天下奇才”，文宗之语殊非过誉，较当日外朝士大夫牛李党人之甘心作阉寺附属品者，固有不同矣。李文饶挟私嫌，其言不足信，后之史家何可据之，而以成败论人也！

《通鉴纪》二四五大和九年十一月壬戌即二十一日甘露事变，其结论有云：

自是天下事皆决于北司，宰相行文书而已。

诚道其实也。至文宗几为阉寺所废，如皮光业《见闻录》之所言者（见《通鉴考异》“大和九年十一月”条及《唐语林》三《方正类》，《新唐书》二〇七《宦者传·下·仇士良传》末），固有未谛，已为司马君实所指出。但自此以后，唐代皇位之继承完全决于宦官之手，而外朝宰相惟有服从一点，若取下列史料证之，则更无可疑也。

《唐语林》七《补遗》云：

宣宗崩，内官定策立懿宗，入中书商议，命宰臣署状，宰相将有不同者。夏侯孜曰：“三十年前外大臣得与禁中事，三十年以来外大臣固不得知。但是李氏子孙，内大臣定，外大臣即北面事之，安有是非之说？”

又《新唐书》一八二《李珏传》云：

始庄恪太子薨，帝（文宗）属意陈王（成美），已而武宗即位，人皆为危之。珏曰："臣下知奉所言，安与禁中事？"

盖甘露事变在文宗大和九年，即公元八三五年。宣宗崩于大中十三年，即公元八五九年，夏侯孜所谓三十年者，乃约略举成数言之。又李珏之事与夏侯孜不同，其语之意旨亦异。然可据以证知自开成后所谓"建桓立顺，功归贵臣"（刘梦得语，见前引），而外朝宰相固绝难与闻也。

《旧唐书》一七下《文宗纪》（参《旧唐书》一七五《新唐书》八二《陈王成美传》）云：

〔大和〕六年十月甲子诏：鲁王永宜册为皇太子。

〔开成〕三年九月壬戌上（文宗）以皇太子慢游败度，欲废之。中丞狄兼谟垂涕切谏。是夜移太子于少阳院，杀太子宫人左右数十人。十月庚子皇太子薨于少阳院，谥庄恪。

〔开成〕四年十月丙寅制：以敬宗第六男成美为皇

太子。

〔开成〕五年春正月戊寅朔上不康，不受朝贺。己卯诏立亲弟颍王瀍为皇太弟，权勾当军国事，皇太子复为陈王。辛巳上崩于大明宫之太和殿。

同书一八上《武宗纪》（《新唐书》八《武宗纪》同，并参考《旧唐书》一七五《新唐书》八二《陈王成美传》）略云：

武宗讳炎，穆宗第五子，本名瀍。文宗以敬宗子陈王成美为皇太子。〔开成〕五年正月二日文宗暴疾，宰相李珏、知枢密刘弘逸奉密旨：以皇太子监国。两军中尉仇士良、鱼弘志矫诏迎颍王于十六宅，立为皇太弟。四日文宗崩，皇太弟即皇帝位。陈王成美、安王溶殂于邸第。初，杨贤妃有宠于文宗，而庄恪太子母王妃失宠怨望，为杨妃所谮，王妃死，太子废。及开成末年，帝多疾，无嗣，贤妃请以安王溶嗣，帝谋于宰臣李珏，珏非之，乃立陈王。至是，仇士良欲归功于己，乃发安王旧事，故二王与贤妃皆死。以开府右军中尉仇士良封楚国公，左军中尉鱼弘志为韩国公。

《新唐书》八二《庄恪太子永传》（《旧唐书》一七五《庄恪太子永传》同）略云：

〔大和〕六年立为皇太子，母（王德妃）爱弛，杨贤妃方幸，数谮之，帝（文宗）震怒，群臣连章论救，〔帝〕意少释，然太子终不能自白其谗，是年（开成三年）暴薨。（寅恪案：日本僧圆仁《入唐求法记》亦有杀皇太子之记述，可供参考。）

《通鉴》二四六“会昌元年三月”条（参《新唐书》一〇七《宦者传·上·仇士良传》）云：

初知枢密刘弘逸、薛季稜有宠于文宗，仇士良恶之。上（武宗）之立非二人及宰相意，故杨嗣复出为湖南观察使，李珏出为桂管观察使。士良屡谮弘逸等于上，劝上诛之，乙未赐弘逸、季稜死。

张固《幽闲鼓吹》云：

朱崖（李德裕）在维扬，监军杨钦义追入，必为枢近，而朱崖（德裕）致礼皆不越寻常，钦义心衔之。一日邀中堂饮，更无余宾，而陈设宝器图书数床皆殊绝，一席祇奉亦竭情礼。宴罢，皆以赠之，钦义大喜过望。行至汴州，有诏令监淮南军。钦义至，即具前时所获归之。朱崖（德裕）曰："此无所直，奈何相拒？"悉却与之。钦义感悦数倍，后竟作枢密使，武皇一朝之柄用皆钦义所致也。

《通鉴》二四六开成五年九月纪李德裕入相事，即采用张书，胡注云：

史言李德裕亦不免由宦官以入相。

寅恪案：上引文宗、武宗两朝间史料，亦皆唐代皇位继承不固定及一时期宫掖阉寺党派竞争决定后，李氏子孙充傀儡，供牺牲，而士大夫党派作阉寺党派之附属品，随其胜败以为进退之明显例证也。又《幽闲鼓吹》载李德裕入相实由杨钦义，鄙意小说家记卫公事多诬词，究其可信与否，未敢确定，即使可信，亦非赞皇入相之主因。据《通鉴》二四七"会昌三年五月壬寅以翰林学士承旨崔铉为中书侍郎同平章事"条云：

上（武宗）夜召学士韦琮，以铉名授之，令草制，宰相枢密皆不之知。时枢密使刘行深、杨钦义皆愿悫，不敢预事，老宦者尤之曰："此由刘杨懦怯，堕败旧风故也。"

是杨钦义以愿悫著闻，不敢依惯例以干预命相，则文饶之入相似非全由钦义之力，可以推知。其时宦官刘弘逸一派与牛党之宰相李珏等翊戴皇太子成美，既遭失败，则得胜之阉寺仇士良、鱼弘志一派自必排去牛党之宰相，而以其有连之李党代之，杨钦义殆属于仇士良派者，此德裕入相之主因也。然则宫掖阉寺竞争之胜败影响于外朝士大夫之进退，于此益得证明而无疑矣。

《新唐书》八《宣宗纪》略云：

宣宗讳忱，宪宗第十三子也。始封光王，本名怡。会昌六年武宗疾大渐，左神策护军中尉马元贽立光王为皇太叔。三月甲子即皇帝位。四月乙亥始听政。丙子李德裕罢。五月乙巳翰林学士承旨兵部侍郎白敏中同中书门下平章事。

《通鉴》二四八"会昌六年三月"条云：

上（武宗）疾笃，旬日不能言，诸宦者密于禁中定策。辛酉下诏，称皇子冲幼，须选贤德，光王怡可立为皇太叔，更名忱，一应军国大事令权勾当。甲子上崩，丁卯宣宗即位。

胡注：

以武宗之英达，李德裕之得君，而不能定后嗣，卒制命于宦竖，北司掌兵，且专宫禁之权也。

寅恪案：会昌季年内廷阉寺党派竞争之史实无从详知，但就武宗诸子不得继位之事推之，必是翊戴武宗即与李党有连之一派失败，则可决言。于是宣宗遂以皇太叔之名义嗣其侄之帝位，而唐代皇位继承之不固定，观此益可知矣。胡氏之语甚谛，自会昌六年三月宦官马元贽等于宫中决策后，外朝李党全盛之局因以告终，相位政权自然转入其敌党牛党之手也。

由宪宗朝至文宗朝，牛李争斗虽剧，而互有进退。武宗朝为始终李党当国时期，宣宗朝宰相则属于牛党，但宣宗以后不复闻剧烈之党争。究其所以然之故，自来未有言之者，若依寅恪前所论证，外朝士大夫党派乃内廷阉寺党派之应声虫，或附属品，倘阉寺起族类之自觉，其间不发生甚剧之党争，而能团结一致以对外者，则与外朝诸臣无分别连结之必要，而士大夫之党既失其各别之内助，其竞争遂亦不得不终归消歇也。兹略举一二例，以为证明。

《唐语林》二《政事类·下》（参《新唐书》一六九《韦贯之传附澳传》）云：

> 宣宗暇日召翰林学士韦澳入。上曰："要与卿款曲，少间出外，但言论诗！"上乃出诗一篇。有小黄门置茶床讫，亟屏之。乃问："朕于敕使如何？"澳曰："威制前朝无比。"上闭目摇手曰："总未，依前怕他。在卿如何？计将安出？"澳既不为之备，率意对曰："谋之于外廷，即恐有大和事（寅恪案：大和事指甘露事变），不若就其中拣拔有才者，委以计事。"上曰："此乃末策，朕行之，初擢其小者，至黄，至绿，至绯，皆感恩，若紫衣挂身，即合为一片矣。"澳惭汗而退。

《北梦琐言》五"令狐公密状"条云：

> 唐大和中阉官恣横，因甘露事王涯等皆罹其祸，竟未

昭雪。宣宗即位，深抑其权，末年尝授旨于宰相令狐公〔绹〕，欲尽诛之。〔绹〕虑其冤，乃密奏榜子曰："但有罪莫舍，有阙莫填，自然无遗类矣。"后为宦者所见，于是南〔衙〕北〔司〕益相水火，洎昭宗末崔侍中〔胤〕得行其志，然而玉石俱焚也。

寅恪案：韦澳意欲利用阉人，以制阉人，即李训、郑注之故技。在文宗大和之世用之虽不能成全功，然其初颇亦收效者，以当时阉寺中王守澄与仇士良之徒尚分党派，未"合为一片"，故可资利用也。迨其起族类之自觉，团结一致，以抗外敌，如《唐语林》《北梦琐言》所载大中时事，则离间之术不能复施，此宣宗以后宫禁阉寺一致对外之新形势，不独在内廷无派别，亦使在外朝无党争，统制中央全局，不可动摇分裂，故激成崔胤借助藩镇外来兵力，尽取此辈族类而歼灭之也。

又读史者或见僖宗时宦官田令孜恶其同类杨复恭、复光兄弟事，因以致疑于宣宗以后阉寺"合为一片"之说者，如《旧唐书》一九下《僖宗纪》所言：

〔中和〕三年六月甲子杨复光卒于河中，其部下忠武八都都头鹿晏弘、晋晖、王建、韩建等各以其众散去。

时复光兄复恭知内枢密，田令孜以复光立破贼功，惮而恶之，故贼平赏薄。及闻复光死，甚悦，复摈复恭，罢枢密为飞龙使。

是也。但检同书同卷“中和三年五月王铎罢行营都统”条云：

时中尉田令孜用事，自负帷幄之功，以铎用兵无功，而由杨复光建策召沙陀，成破贼之效，欲权归北司，乃黜铎而悦复光也。

然则田令孜虽与杨复恭、复光兄弟不相得，对于外朝士大夫则仍能自相团结，一致敌视。盖当时阉寺南衙北司之界限即阶级族类之意识甚为坚强明显，不欲连结外朝士大夫自相攻击，因亦无从造成士大夫之党派，如以前牛李两党者也。

《新唐书》九《懿宗纪》（参考《通鉴》二四九“大中十三年六月”条，《通鉴考异》“咸通二年二月”条，及《容斋随笔》六“杜悰”条）略云：

懿宗讳漼，宣宗长子也，始封郓王。宣宗爱夔王滋，欲立为皇太子，而郓王长，故久不决。大中十三年八月宣宗疾大渐，以夔王属内枢密使王归长、马公儒、宣徽南院使王居方等，而左神策护军中尉王宗实、副使丌元实矫诏立郓王为皇太子。癸巳即皇帝位于柩前。王宗实杀王归长、马公儒、王居方。

《通鉴》二五〇“咸通二年二月”条云：

是时士大夫深疾宦官，事小有相涉，则众共弃之。建州进士叶京尝预宣武军宴，识监军之面，既而及第，在长安与同年出游，遇之于途，马上相揖，因之谤议喧然，遂沈废终身，其不相悦如此。（寅恪案：《昌黎外集》三有《送汴州监军俱文珍序（并诗）》，备极谄谀之词。夫文珍亦宣武军监军也，而退之与叶京之遭遇乃迥不相似，据是可知贞元及咸通时，士大夫与阉寺关系之异同矣。）

依《新纪》所载，似宣宗末年内廷阉寺仍有党派竞争者，然考唐代阉寺中神策军中尉掌握兵柄，其权最大，宣宗牵于所爱，虽明知彼辈已“合为一片”，而其末年仍仿文宗之旧事，勉强试一利用并无实力之枢密使等，使与执持兵柄之神策中尉对抗，实计出无聊，故终于同一无成。而王归长与王宗实二派因实力大相悬殊之故，其竞争必无足道，读史者幸勿误会以此个别之例外，疑及全体之通则也。且其时阉寺已起族类之自觉，一致对外，与文宗时不同，是以无须亦不欲连结外朝士大夫，以兴党争，盖非复宣宗以前由内廷党派胜败，而致外朝党派进退之先例矣。至于唐代帝位继承之不固定，兹又得一例证，自无待言。观《通鉴》咸通二年所纪叶京事，可知宣宗末载懿宗初年士大夫亦仿阉寺“合为一片”，与相对敌。后来崔胤以士大夫代表之资格，尽诛宦官，盖非一朝一夕之所致也。

《通鉴》二五二“咸通十四年七月戊寅”条（参考《旧唐书》一九下《新唐书》九《僖宗纪》）略云：

> 上（懿宗）疾大渐，左军中尉刘行深、右军中尉韩文约立少子普王俨为皇太子，权勾当军国政事。辛巳上崩于咸宁殿，僖宗即位。八月刘行深、韩文约皆封国公。

同条《考异》曰：

> 范质《五代通录》：梁李振谓陕州护军韩彝范曰：“懿宗初升遐，韩中尉杀长立少，以利其权，遂乱天下。

今将军复欲尔耶？”彝范即文约孙也。案：懿宗八子，僖宗第五，余子新旧书不载长幼，又不言所终，不言所杀者果何王也。

据此，唐代内廷阉寺决定帝位继承之经过及李氏子孙作傀儡牺牲之悲剧，史乘殊多阙漏，要为与前此相似，乃一种公式化之行动，其概况亦可推知也。

《旧唐书》二〇上《昭宗纪》（参考《新唐书》一〇《昭宗纪》、《通鉴》二五七“文德元年三月”条）略云：

昭宗讳晔，懿宗第七子，封寿王。文德元年二月僖宗暴不豫，及大渐之夕，而未知所立，群臣以吉王最贤，又在寿王之上，将立之，唯军容杨复恭请以寿王监国。三月六日立为皇太弟，八日即位。

同书一八四《宦官传·杨复恭传》（《新唐书》二〇八《宦者传·下·杨复恭传》同）略云：

李茂贞收兴元，进复恭前后与〔杨〕守亮私书六十纸，内诉致仕之由云：“吾于荆榛中援立寿王，有如此负心门生天子，既得尊位，乃废定策国老。”

寅恪案：唐代科举制度，门生为座主所奖拔，故最感恩，两者之间情谊既深，团结自固。牛党之所以终竟胜李党者，亦与此点有关。杨复恭“门生天子”之喻，乃宦官受士大夫积习之传染，虽拟譬稍有不伦，然止就宦官专决皇位继承一事言之，则其语实与当时政治之情状符合也。

《新唐书》一〇《昭宗纪》（《旧唐书》二〇上《昭宗纪》同）云：

光化三年十一月己丑神策军中尉刘季述、王仲先、内枢密使王彦范、薛齐偓作乱，皇帝居于少阳院。辛卯季述以皇太子裕为皇帝。

天复元年正月乙酉左神策军将孙德昭、董彦弼、周承诲以兵讨乱，皇帝复于位。刘季述、薛齐偓伏诛，降封皇太子裕为德王。

同书八二《德王裕传》（《旧唐书》一七五《德王裕传》同）略云：

德王裕，昭宗长子也，大顺二年六月二十八日封，韩建杀诸王，因请裕为皇太子。刘季述等幽帝（昭宗）东内，奉裕即皇帝位。季述诛，诏还少阳院，复为王。

《旧唐书》一七五《宪宗以下诸子传》论云：

自天宝已降，内官握禁旅，中闱篡继皆出其心，故手才揽于万机，目已睨于六宅（寅恪案：诸王居于十六宅）。

寅恪案：唐代皇帝废立之权既归阉寺，皇帝居宫中亦是广义之模范监狱罪囚。刘季述等之废立不过执行故事之扩大化及表面化耳。唐代皇位继承之不固定，此役乃三百年间最后之结局。盖哀帝（柷）之立及其逊位一段经过，则属于朱全忠创业之装饰物及牺牲品（详见《旧唐书》二〇下《哀帝纪》、《新唐书》一〇《昭宣光烈孝皇帝纪》），不足特为论述也。

《旧唐书》一八四《宦官传·杨复恭传》末（参考《新唐书》二〇八《宦者传·下·韩全诲张彦弘传》、《旧唐书》二〇上《新唐书》一〇《昭宗纪》）略云：

是月（光化三年正月），〔朱〕全忠迎驾还长安，诏以崔胤为宰相兼判六军诸卫。胤奏曰："高祖太宗时无内官典军旅，自天宝以后，宦官浸盛，贞元、元和分羽林卫为左右神策军，使卫从，令宦官主之，自是参掌枢密，由是内务百司皆归宦者。不剪其本根，终为国之蠹贼。内诸司使务宦官主者，望一切罢之，诸道监军使并追赴阙廷。"诏曰："其第五可范以下并宜赐死，其在畿甸同华河中并尽底处置讫，诸道监军使以下及管内经过并居停内使敕到并仰随处诛夷讫闻奏，其左右神策军并令停废！"

寅恪案：旧传所载崔胤之奏及答诏，乃中古政治史划时代之大文字，故节录之，以结此篇焉。

下篇　外族盛衰之连环性及外患与内政之关系

李唐一代为吾国与外族接触繁多，而甚有光荣之时期。近数十年来考古及异国文籍之发现移译能补正唐代有关诸外族之史事者颇多，固非此篇之所能详，亦非此篇之所欲论也。兹所欲论者只二端：一曰外族盛衰之连环性，二曰外患與内政之关系。兹分别言之于下：

所谓外族盛衰之连环性者，即某甲外族不独与唐室统治之中国接触，同时亦与其他之外族有关，其他外族之崛起或强大可致某甲外族之灭亡或衰弱，其间相互之因果虽不易详确分析，而唐室统治之中国遂受其兴亡强弱之影响，及利用其机缘，或坐承其弊害，故观察唐代中国与某甲外族之关系，其范围不可限于某甲外族，必通览诸外族相互之关系，然后三百年间中国与四夷更迭盛衰之故始得明了，时当唐室对外之措施亦可略知其意。盖中国与其所接触诸外族之盛衰兴废，常为多数外族间之连环性，而非中国与某甲外族间之单独性也。《新唐书》二一五上《四夷传》总序略云：

> 唐兴，蛮夷更盛衰，尝与中国抗衡者有四：突厥、吐蕃、回鹘、云南是也。凡突厥、吐蕃、回鹘以盛衰先后为次；东夷、西域又次之，迹用兵之轻重也；终之以南蛮，记唐所由亡云。

宋子京作《唐书四夷传》，其叙述次第一以盛衰先后，二迹用兵之轻重，三记唐所由亡。兹篇论述则依其所以更互盛衰之迹，列为次序，欲借以阐发其间之连环性。至唐亡由于南诏，乃属于外患与内政关系之范围，俟于篇末论之，兹先不涉及也。

又唐代武功可称为吾民族空前盛业，然详究其所以与某甲外族竞争，卒致胜利之原因，实不仅由于吾民族自具之精神及物力，亦某甲外族本身之腐朽衰弱有以招致中国武力攻取之道，而为之先导者也。国人治史者于发扬赞美先民之功业时，往往忽略此点，是既有违学术探求真实之旨，且非史家陈述覆辙，以供鉴诫之意，故本篇于某外族因其本身先已衰弱，遂成中国胜利之本末，必特为标出之，以期近真实而供鉴诫，兼见其有以异乎夸诬之宣传文字也。

《通典》一九七《边防典》“突厥”条上（参《新唐书》二一五上《突厥传》、《唐会要》九四“北突厥”条）云：

> 及隋末乱离，中国人归之者甚众，又更强盛，势陵中夏。迎萧皇后，置于定襄。薛举、窦建德、王世充、刘武周、梁师都、李轨、高开道之徒虽僭尊号，俱北面称臣。东自契丹，西尽吐谷浑、高昌诸国皆臣之，控弦百万，戎狄之盛近代未有也。大唐起义太原，刘文静聘其国，引以为援。

《旧唐书》六七《李靖传》（参考《新唐书》二一五上《突厥传》、《贞观政要》二《任贤》篇、《大唐新语》七《容恕》篇）云：

> 太宗初闻靖破颉利，大悦，谓侍臣曰：“朕闻‘主忧臣辱，主辱臣死’。往者国家草创，太上皇（高祖）以百姓之故，称臣于突厥，朕未尝不痛心疾首，志灭匈奴，坐不安席，食不甘味。今者暂动偏师，无往不捷，单于款塞，耻其雪乎？”

寅恪案：隋末中国北部群雄并起，悉奉突厥为大君，李渊一人岂能例外？温大雅《大唐创业起居注》所载唐初事最为实录，而其纪刘文静往突厥求援之本末，尚于高祖称臣一节隐讳不书。逮颉利败亡以后，太宗失喜之余，史臣传录当时语言，始泄露此役之真相。然则隋末唐初之际，亚洲大部民族之主人是突厥，而非华夏也。但唐太宗仅于十年之后，能以屈辱破残之中国一举而覆灭突厥者，固由唐室君臣之发奋自强，遂得臻此，实亦突厥本身之腐败及回纥之兴起二端有以致之也。兹略引史文，以证明之于下：

《通典》一九七《边防典》“突厥上”条（参考《旧唐书》一九四上《新唐书》二一五上《突厥传》、《唐会要》九四“北突厥条”等）云：

> 贞观元年阴山以北薛延陀、回纥、拔也古等十余部皆相率叛之，击走其欲谷设。颉利遣突利讨之，师又败绩，奔还，颉利怒，拘之十余日，突利由是怨憾，内欲背之。二年突利遣使奏言与颉利有隙，奏请击之。诏秦武通以并州兵马随便接应。三年薛延陀自称可汗于漠北，遣使来贡方物。颉利每委任诸胡，疏远族类，胡人贪冒，性多翻覆，以故法令滋章，兵革岁动，国人患之，诸部携贰。频

年大雪，六畜多死，国中大馁。颉利用度不给，复重敛诸部，由是下不堪命，内外叛之。

《旧唐书》一九五《回纥传》（《新唐书》二一七上《回鹘传》同，又参《旧唐书》一九九下《铁勒传》、《新唐书》二一七下《薛延陀传》、《唐会要》九六《薛延陀传》、《通典》一九九《边防典》“薛延陀”条等）云：

初有特健俟斤死，有子曰菩萨，部落以为贤而立之。初菩萨与薛延陀侵突厥北边，突厥颉利可汗遣子欲谷设率万骑讨之。菩萨领骑五千与战，破之于马鬣山，因逐北至于天山，又进击大破之，俘其部众，回纥由是大振，因率其众附于薛延陀，号菩萨为活颉利发，仍遣使朝贡。菩萨劲勇有胆气，善筹策，每对敌临阵，必身先士卒，以少制众，常以射猎为务，其母乌罗浑主知争讼之事，平反严明，部内齐肃，回纥之盛由菩萨之兴焉。贞观擒降突厥颉利等可汗之后，北虏唯菩萨、薛延陀为盛。太宗册北突厥莫贺咄为可汗，遣统回纥仆骨同罗思结阿跌等部，回纥酋帅吐迷度与诸部大破薛延陀多弥可汗，遂并其部曲，奄有其地。

寅恪案：北突厥或东突厥之败亡除与唐为敌外，其主因一为境内之天灾及乱政，二为其他邻接部族回纥薛延陀之兴起两端，故授中国以可乘之隙。否则虽以唐太宗之英武，亦未必能致如是之奇迹。斯外族盛衰连环性之一例证也。

《旧唐书》一九五《回纥传》（《新唐书》二一七下《回鹘传》同）云：

> 开成初，其相有安允合者，与特勒（寅恪案：勒当作勤，下同）柴草欲篡萨特可汗。萨特可汗觉，杀柴草及安允合。又有回纥相掘罗勿者，拥兵在外，怨诛柴草、安允合，又杀萨特可汗，以㕎馺特勒为可汗。有将军句录末贺恨掘罗勿，走引黠戛斯，领十万骑破回鹘城，杀㕎馺，斩掘罗勿，烧荡殆尽，回鹘散奔诸蕃。有回鹘相馺职者，拥外甥庞特勒及男鹿并遏粉等兄弟五人一十五部，西奔葛逻禄，一支投吐蕃，一支投安西，又有近可汗牙十三部以特勒乌介为可汗，南来附汉。（寅恪案：《通鉴》二四六“开成四年末”条柴草作柴革。《考异》驳《后唐献祖纪年录之语》及《唐会要》九八“回纥”条俱可参考。）

《唐会要》九八回纥条云：

连年饥疫，羊马死者被地，又大雪为灾。

《新唐书》二一七下《黠戛斯传》略云：

回鹘授其君长阿热为毗伽顿颉斤。回鹘稍衰，阿热即自称可汗。回鹘遣宰相伐之，不胜，拏斗二十年不解。阿热恃胜肆詈，回鹘不能讨，其将句录莫贺导阿热破杀回鹘可汗，诸特勒（寅恪案：勒亦当作勤）皆溃。

寅恪案：回纥自唐肃宗以后最为雄大，中国受其害甚巨，至文宗之世天灾党乱扰其内，黠戛斯崛起侵其外，于是崩溃不振矣。然考之史籍，当日中国亦非盛强之时，而能成此攘夷之伟业者，虽以李文饶之才智，恐不易致此，其主因所在，无乃由坚昆之兴起，遂致回纥之灭亡欤？斯又外族盛衰连环性之一例证也。

《新唐书》二一六下《吐蕃传》论云：

唐兴，四夷有弗率者，皆利兵移之，蹶其牙，犁其庭而后已。唯吐蕃、回鹘号强雄，为中国患最久。赞普遂尽盗河湟，薄王畿为东境，犯京师，掠近辅，戕华人，谋夫虓帅环视共计，卒不得要领。晚节二姓自亡，而唐亦衰焉。

寅恪案：吐蕃之盛起于贞观之世，至大中时，其部族瓦解衰弱，中国于是收复河湟，西北边陲稍得安谧。计其终始，约二百年，唐代中国所受外族之患未有若斯之久且剧者也。迨吐蕃衰败之后，其役属之党项别部复兴起焉。此党项部后裔西夏又为中国边患，与北宋相终始。然则吐蕃一族之兴废关系吾国中古史者如是，其事迹兹篇固不能详言，而其盛衰之枢机即与其他外族之连环性，及唐代中央政府肆应之对策即结合邻接吐蕃诸外族，以行包围之秘计，旧史虽亦载其概略，惜未有阐发解释者，故不得不于此一论述之也。

李唐承袭宇文泰“关中本位政策”，全国重心本在西北一隅，而吐蕃盛强延及二百年之久。故当唐代中国极盛之时，已不能不于东北方面采维持现状之消极政略（见下论高丽事节），而竭全国之武力财力积极进取，以开拓西方边境，统治中央亚细亚，借保关陇之安全为国策也。又唐资太宗、高宗两朝全盛之势，历经艰困，始克高丽，既克之后，复不能守，虽天时地势之艰阻有以致之（亦见下文论高丽事节），而吐蕃之盛强使唐无余力顾及东北，要为最大原因。此东北消极政策不独有关李唐一代之大局，即五代、赵宋数朝之国势亦因以构成。由是言之，吐蕃一族与唐之竞争影响甚巨，更不能不为一论述之也。

《新唐书》八《宣宗纪》（参考《旧唐书》一八下《宣宗纪》、一九六下《吐蕃传》、一九八《西戎传·党项传》，《新唐书》二一六下《吐蕃传》、二二一上《西域传·党项传》，及《唐会要》九七“吐蕃”条、九八“党项羌”条等）云：

〔大中〕三年二月吐蕃以秦、原、安乐三州，石门、驿藏、木峡、制胜、六盘、石峡、萧七关归于有司。十月吐蕃以维州归于有司。十二月吐蕃以扶州归于有司。

〔大中〕四年十一月党项寇邠宁。十二月凤翔节度使李安业、河东节度使李拭为招讨党项使。

〔大中〕五年三月白敏中为司空，招讨南山平夏党项行营兵马都统。四月赦平夏党项羌。八月乙巳赦南山党项羌。十月沙州人张义潮以瓜、沙、伊、肃、鄯、甘、河、西、兰、岷、廓十一州归于有司。

同书二一六下《吐蕃传》（参考《通鉴》二四七“会昌二年”、二四八“会昌三年”、二四九“大中三年”诸条）

略云：

〔彝泰〕赞普立几三十年病不事，委任大臣，故不能抗中国，边候晏然。死，以弟达磨嗣，达磨嗜酒好畋猎，喜内，且凶愎少恩，政益乱。自是国中地震裂，水泉涌，岷山崩，洮水逆流三日，鼠食稼，人饥疫，死者相枕藉，鄯廓间夜闻鼙鼓声，人相惊。会昌二年赞普死，无子，以妃綝兄尚延力子乞离胡为赞普，始三岁，妃共治其国。大相结都那见乞离胡不肯拜，曰："赞普支属尚多，何至立綝氏子邪？"用事者共杀之。三年，国人以赞普立非是，皆叛去。〔尚〕恐热自号宰相，以兵二十万击〔鄯州节度使尚〕婢婢。恐热败，单骑而逃。大中三年，婢婢引众趋甘州西境，恐热大略鄯、廓、瓜、肃、伊、西等州，保渭州，奉表归唐。

寅恪案：吐蕃之破败由于天灾及内乱，观此可知也。吐蕃中央政权统治之力既弱，故其境内诸部族逐渐离逻逤之管制而独立，党项之兴起，张义潮之来归，皆其例也。宣宗初虽欲以兵力平定党项，而终不得不遣白敏中施招抚之策，含混了之。则河湟之恢复实因吐蕃内部之衰乱，非中国自身武力所能致，抑又可见矣。

《新唐书》二一六上《吐蕃传》略云：

是岁（长寿元年）又诏王孝杰〔等〕击吐蕃，大破其众，更置安西都护府于龟兹，以兵镇守，议者请废四镇勿有也。崔融献议曰："太宗文皇帝践汉旧迹，并南山，抵葱岭，剖裂府镇，烟火相望，吐蕃不敢内侮。高宗时有司无状，弃四镇不能有，而吐蕃遂张，入焉耆之西，长鼓右驱，逾高昌，历车师，钞常乐，绝莫贺延碛，以临敦煌。今孝杰一举而取四镇，还先帝旧封，若又弃之，是自毁成功而破完策也。夫四镇无守，胡兵必临西域，西域震则威憺南羌，南羌连衡，河西必危。且莫贺延碛袤二千里，无水草，若北接虏，唐兵不可度而北，则伊西北庭安西诸蕃悉亡。"议者乃格。〔开元〕十年攻小勃律国，其王没谨忙诒书北庭节度使张孝嵩曰："勃律唐西门，失之，则西方诸国皆堕吐蕃。"始勃律王来朝，父事帝（玄宗），还国，置绥远军以捍吐蕃，故岁常战。吐蕃每曰："我非利若国，我假道攻四镇尔。"

同书一三五《高仙芝传》（参《旧唐书》一〇四《高仙芝

传》、《新唐书》二二一下《西域传·小勃律传》)略云:

小勃律其王为吐蕃所诱,妻以女,故西北二十余国皆羁属吐蕃。天宝六载诏仙芝以步骑一万出讨。八月仙芝以小勃律王及妻自赤佛道还连云堡,与〔监军边〕令诚俱班师,于是拂菻大食诸胡七十二国皆震摄降附。

同书二二二上《南蛮传·南诏传》略云:

时(贞元时)唐兵屯京西朔方,大峙粮,欲南北并攻取故地,然南方转饷稽期,兵不悉集。吐蕃苦唐诏掎角,亦不敢图南诏。〔韦〕皋令〔部将武〕免按兵巂州,节级镇守,虽南韶境,亦所在屯戍。吐蕃惩野战数北,乃屯三泸水,遣论妄热诱濒泸诸蛮复城悉摄,悉摄吐蕃险要也。蛮酋潜导南诏与皋部将杜毗罗狙击。〔贞元〕十七年春夜绝泸,破虏屯,斩五百级。虏保鹿危山,毗罗伏以待。又战,虏大奔。于时康、黑衣大食等兵及吐蕃大酋皆降,获甲二万首。

时虏兵三万攻盐州,帝(德宗)以虏多诈,疑继以大军,诏皋深钞贼鄙,分虏势。皋表:贼精铠多置南屯,今向盐夏，非全军，欲掠河曲党项畜产耳。俄闻虏破麟州，皋督诸将分道出，或自西山，或由平夷，或下陇陀和石门，或径神川、纳川，与南诏会。是时回鹘、太原、邠宁、泾原军猎其北，剑南、东川、山南兵震其东，凤翔军当其西，蜀南诏深入，克城七，焚堡百五十，所斩首万级，获铠械十五万，围昆明、维州，不能克，乃班师。振武、灵武兵破虏二万，泾原、凤翔军败虏原州，惟南诏攻其腹心，俘获最多。

《唐会要》一〇〇"大食"条（参《旧唐书》一九八《西戎传·大食传》、《新唐书》二二一下《西域传·大食传》）略云：

又按贾耽《四夷述》云：贞元二年（寅恪案：旧传作"贞元中"，新传作"贞元时"，此"二年"两字当有衍误）与吐蕃为劲敌，蕃兵大半西御大食，故鲜为边患，其力不足也。

寅恪案：唐关中乃王畿，故安西四镇为防护国家重心之要地，而小勃律所以成唐之西门也。玄宗之世，华夏、吐蕃、大食三大民族皆称盛强，中国欲保其腹心之关陇，不能不固守四镇。欲固守四镇，又不能不扼据小勃律，以制吐蕃，而断绝其与大食通援之道。当时国际之大势如此，则唐代之所以开拓西北，远征葱岭，实亦有其不得已之故，未可专咎时主之黩武开边也。夫中国与吐蕃既处于外族交互之复杂环境，而非中国与吐蕃一族单纯之关系，故唐室君臣对于吐蕃施行之策略亦即利用此诸族相互之关系。易言之，即结合邻接吐蕃诸外族，以为环攻包围之计。据上引新书《南诏传》，可知贞元十七年之大破吐蕃，乃略收包围环攻之效者。而吐蕃与中亚及大食之关系，又韦南康以南诏制吐蕃之得策，均可于此传窥见一二也。兹复别引史籍，以为证明于下：

《旧唐书》一四〇《韦皋传》（《新唐书》一五八《韦皋传》同）云：

> 皋以云南蛮众数十万与吐蕃和好。蕃人入寇必以蛮为前锋，〔贞元〕四年，皋遣判官崔佐时入南诏蛮，说令向化，以离吐蕃之助。

《新唐书》二二二上《南蛮传·南诏传》略云：

〔贞元〕五年，〔异牟寻〕遗〔韦〕皋书曰：愿竭诚日新，归款天子，请加戍剑南、泾原等州。安西镇守扬兵四临，委回鹘诸国所在侵掠，使吐蕃势分力散，不能为强，此西南隅不烦天兵可以立功云。

《旧唐书》一二九《韩滉传》（《新唐书》一二六《韩休传附滉传》同）云：

时两河罢兵，中土宁乂。滉上言："吐蕃盗有河湟，为日已久。大历以前，中国多难，所以肆其侵轶。臣闻近岁以来，兵众浸弱，西迫大食之强，北病回纥之众，东有南诏之防，计其分镇之外，战兵在河陇五六万而已。国家第令三数良将长驱十万众，于凉、鄯、洮、渭并修坚城，各置二万人，足当守御主要，臣请以当道（寅恪案：《旧唐书》一二《德宗纪·上》贞元元年七月丙午，两浙节度使韩滉检校尚书左仆射江淮转运使）所贮蓄财赋为馈运之资，以充三年之费；然后营田积粟，且耕且战，收复河陇二十余州，可翘足而待也。"上（德宗）甚纳其言。滉之入朝也（寅恪案：《旧唐书》一二《德宗纪·上》贞元二年十一月两浙节度使韩滉来朝），路由汴州，厚结刘玄佐，将荐其可任边事。玄佐纳其赂，因许之。及来觐，上访问焉，初颇禀命，及滉以疾归第，玄佐意怠，遂辞边任，盛陈犬戎未衰，不可轻进。滉贞元三年二月以疾薨，遂寝其事。

同书同卷《张延赏传》（《新唐书》一二七《张嘉贞传附延赏传》同）云：

〔延赏〕请减官员，收其俸禄，资幕职战士，俾刘玄佐收复河湟，军用不乏矣。上（德宗）然之。初韩滉入朝，至汴州，厚结刘玄佐，将荐其可委边任，玄佐亦欲自效，初禀命，及滉卒，玄佐以疾辞，上遣中官劳问，卧以受命。延赏知不可用，奏用李抱真，抱真亦辞不行。

时抱真判官陈昙奏事京师，延赏俾昙劝抱真，竟拒绝之。盖以延赏挟怨罢李晟兵柄，由是武臣不附。

《通鉴》二三二“贞元三年七月”条略云：

〔李〕泌曰：“臣能不用中国之兵，使吐蕃自困。”上（德宗）曰：“计将安出？”对曰：“臣未敢言之。”

上固问，不对。泌意欲结回纥、大食、云南，与共图吐蕃，令吐蕃所备者多。知上素恨回纥，故不肯言。

同书二三三“贞元三年九月”条略云：

〔李泌〕对曰：“愿陛下北和回纥，南通云南，西结大食、天竺，如此，则吐蕃自困。”上（德宗）曰：“三国当如卿言，至于回纥，则不可。”泌曰：“臣固知此，所以不敢早言。为今之计，当以回纥为先，三国差缓耳。”上曰：“所以招云南、大食、天竺奈何？”对曰：“回纥和，则吐蕃已不敢轻犯塞矣。次招云南，则是断吐蕃之右臂也。大食在西域为最强，自葱岭尽西海，地几半天下，与天竺皆慕中国，代与吐蕃为仇，臣故知其可招也。”

寅恪案：德宗、韦皋、韩滉、李泌等皆欲施用或略已实行包围环攻吐蕃之政策，若非当日唐室君主及将相大臣深知诸外族相互之关系，不能致此，而李长源之论尤为明畅。《通鉴》所载当采自《邺侯家传》。李繁著书虽多夸大溢美之语（如刘玄佐之入朝，实出韩滉之劝促，而《邺侯家传》则归功于李泌，司马君实谓之掠美，即是其例也。见《通鉴考异》“贞元二年十一月”条），然校以同时关系诸史料，知其所述包环吐蕃之策要为有所依据，不尽属浮词也。

前言唐太宗、高宗二朝全盛之世，竭中国之力以取高丽，仅得之后，旋即退出，实由吐蕃炽盛，唐室为西北之强敌所牵制，不得已乃在东北方取消极退守之策略。然则吐蕃虽与高丽不接土壤，而二者间之连环关系，实影响于中夏数百年国运之隆替。今述吐蕃事竟，即续论高丽者，亦为此连环之关系，不独叙述次第之便利也。

隋炀帝承文帝统一富盛之后，唐太宗借内安外攘之威，倾中夏全国之力，以攻高丽之小邦，终于退败。炀帝竟坐是覆其宗社，而太宗亦遗恨无穷。自来史家于此既鲜卓识之议论，而唐高宗之所以暂得旋失之故复无一贯可通之解释。鄙意高丽问题除前所谓外族盛衰之连环性外，尚别具天时、地理、人事三因素，与其他外族更有不同。其关于唐以前及以后之史事者，以非本篇范围，不能涉及。因仅就唐代用兵高丽之本末，推论此三因素之关系，以明中国在唐以前经营东北成败利钝所以然之故，治史之君子傥亦有取于是欤？

唐承宇文氏“关中本位政策”，其武力重心即府兵偏置于西北一隅，去东北方之高丽甚远。中国东北方冀辽之间其雨季在旧历六七月间，而旧历八九月至二三月又为寒冻之时期。故以关中辽远距离之武力而欲制服高丽攻取辽东之地，必在冻期已过雨季未临之短时间获得全胜而后可。否则，雨潦泥泞冰雪寒冻皆于军队士马之进攻糇粮之输运已甚感困难，苟遇一坚持久守之劲敌，必致无功或覆败之祸。唐以前中国对辽东、高丽进攻之策略为速战速决者，其主因实在此。若由海道以取高丽，则其邻国百济、新罗为形势所关之地，于不善长海战之华夏民族尤非先得百济，以为根据，难以经略高丽。而百济又与新罗关系密切，故百济、新罗之盛衰直接影响于中国与高丽之争竞。唐代之中国连结新罗，制服百济，借以攻克高丽，而国力分于西北吐蕃之劲敌，终亦不能自有，转以为新罗强大之资，此实当日所不及料，因成为后来数百年世局转捩之枢纽者也。

关于高丽问题，兹引史籍以供释证，而此事于时日先后之记载最为重要，故节录《通鉴》所纪唐太宗伐高丽之役于下，借作一例。其以干支记日者悉注明数字及月建大小尽，庶几读者于时间之长短获一明确印象。并略增删胡注之文，附载陆路行军出入辽东所经重要城邑距长安洛阳之远近，读者若取时日与道里综合推计，则不仅此役行军运粮之困难得知实状，而于国史上唐前之东北问题亦可具一正确之概念也。

《通鉴》一九七纪“唐太宗伐高丽事”略云：

上（太宗）将征高丽。〔贞观十八年〕秋七月（大尽）辛卯（二十日）敕将作大监阎立德等诣洪、饶、江三州，造船四百艘，以载军粮。甲午（二十三日）下诏遣营州都督张俭等帅幽营二都督兵及契丹、奚、靺鞨，先击辽东，以观其势。以太常卿韦挺为馈运使，以民部侍郎崔仁师副之。自河北诸州皆受挺节度，听以便宜从事。又命太仆少卿萧锐运河南诸州粮入海。冬十月（大尽）甲寅（十四日）车驾行幸洛阳（寅恪案：在今河南洛阳县。《通典》一七七《州郡典》河南府洛州去西京八百五十里）。十一月（大尽）壬申（初二日）至洛阳。前宜州刺史郑元璹已致仕，上以其尝从隋炀帝伐高丽，召诣行在问之。对曰："辽东道远，粮运艰阻，东夷善守城，攻之不可猝下。"上曰："今日非隋之比，公但听之！"张俭等值辽水涨，久不得济，上以为畏懦，召诣洛阳。甲午（二十四日）以刑部尚书张亮为平壤道行军大总管，帅江淮岭峡兵四万、长安洛阳募士三千、战舰五百艘，自莱州泛海趋平壤。又以太子詹事左卫率李世勣为辽东道行军大总管，帅步骑六万人及兰河二州降胡趣辽东，两军合势并进。庚子（三十日）诸军大集于幽州（寅恪案：在今河北蓟县。《通典》一七八《州郡典》

范阳郡幽州今理蓟县，去西京二千五百二十三里，去东京一千六百八十里）。手诏谕天下，言：昔隋炀帝残暴其下，高丽王仁爱其民，以思乱之军击安和之众，故不能成功。今略言必胜之道有五，一曰：以大击小，二曰：以顺讨逆，三曰：以治乘乱，四曰：以逸待劳，五曰：以悦当怨，何忧不克？布告元元，勿为疑惧！十二月（小尽）甲寅（十四日）诏诸军及新罗、百济、奚、契丹分道击高丽。

〔贞观〕十九年春正月（小尽），韦挺坐不先行视漕渠，运米六百余艘至卢思台侧（胡注云：虑思台去幽州八百里，此漕渠盖即曹操伐乌丸所开泉州渠也），浅塞不能进，械送洛阳。丁酉（二十八日）除名，以将作少监李道裕代之，崔仁师亦坐免官。二月（大尽）庚戌（十二日）上自将诸军发洛阳。是月李世勣军至幽州。三月（小尽）丁丑（十九日）车驾至定州（寅恪案：在今河北定县。《通典》一七八《州郡典》博陵郡定州今理安喜县，去西京二千一百里，去东京一千二百十里）。丁亥（十九日）上谓侍臣曰："辽东本中国之地，隋氏四出师而不能得，朕今东征，欲为中国报子弟之仇，高丽雪君父之耻耳。且方隅大定，惟此未平，故及朕之未老，用士大夫余力以取之。"上将发，太子（高宗）悲泣数日，上曰：“今留汝镇守，辅以贤俊，悲泣何为？”壬辰（二十四日）车驾发定州。李世勣军发柳城（寅恪案：在今热河朝阳县。《通典》一七八《州郡典》柳城郡营州今理柳城县，去西京五千里，去东京四千一百一十里）。多张形势，若出怀远镇者（寅恪案：《新唐书》三九《地理志》营州柳城郡有怀远守捉城）。而潜师北趣甬道，出高丽不意。夏四月（大尽）戊戌朔（初一日）世勣自通定济辽水（胡注云：通定镇在辽水西，隋大业八年伐辽所置，甬道隋起浮桥渡辽水所筑。寅恪案：《通典》一七八柳城郡营州至辽河四百八十里），至玄菟（寅恪案：《三国志·魏志》三〇《东夷传·东沃沮传》云：〔汉武帝〕以沃沮城为玄菟郡，后为夷貊所侵，徙郡勾丽西北，今所谓玄菟故府是也。胡注云：有辽山，辽水所出），高丽大骇，城邑皆闭门自守。壬寅（初五日）辽东道副大总管江夏王道宗将兵数千至新城（寅恪案：在今辽宁沈阳县西北），城中无敢出者。营州都督张俭将胡兵为前锋，进渡辽水，趋建安城（胡注云：自辽东城西行三百里至建安城。胡注盖依据《新唐书》四三下《地理志》引贾耽所记入四夷道里也）。丁未（初十日）车驾发幽州。壬子（十五日）李世勣、江夏王道宗攻高丽盖牟城（胡注云：盖牟城在辽东城东北。寅恪案：在今辽宁盖平县）。丁巳（二十日）东驾至北平（胡注云：此古北平也，旧志平州隋为北平郡。寅恪案：在今河北卢龙县。《通典》一七八《州郡典》北平郡平州今理卢龙县，东北到柳城郡七百里，去西京四千三百二十里，去东京三千五百二十里）。癸亥（二十六日）李世勣等拔盖牟城，获二万余口，粮十余万石。张亮率舟师自东莱渡海，袭卑沙城（寅恪案：《隋书》六四《来护儿传》云："〔大业〕十年又帅师渡海，至卑奢城，高丽举国来战，护儿大破之，斩首千余级，将趋平壤，高元震惧，遣使执叛臣斛斯政，诣辽东城下，上表请降。〔炀〕帝许之，遣人持节召护儿旋师。"卑奢城即卑沙城也，可以参证），程名振引兵夜至，副总管王大度先登，五月（小尽）己巳（初二日）拔之。分遣总管丘孝忠等曜兵于鸭绿水（寅恪案：《通典》一八六《边防典·高句丽传》云：马訾水一名鸭绿水，在平壤城西北四百五十里，辽水东南四百八十里。胡注云：《汉书》谓之马訾水，今谓之混同江）。李世勣进至辽东城下（寅恪案：在今辽宁辽阳县北）。庚午（初三日）车驾至辽泽，泥淖二百余里，人马不可通，将作大监阎立德布土作桥，军不留行。壬申（初五日）渡泽东。乙亥（初八日）高丽步骑四万救辽东，既合战，唐兵不利。〔江夏王〕道宗收散卒，与骁骑数十冲之，左右出入，李世勣引兵助之，高丽大败。丁丑（初十日）车驾渡辽水，撤桥以坚士卒之心。李世勣攻辽东城，昼夜不息，旬有二日。上引精兵会之，甲申（十七日）遂克之。所杀万余人，得胜兵万余人，男女四万口，以其城为辽州。乙未（二十八日）进军白岩城（寅恪案：在今辽宁辽阳县东北）。六月（大尽）丁酉朔（初一日）城主孙代音请降，上受其降，以白岩城为岩州。己亥（初三日）以盖牟城为盖州。丁未（十一日）车驾发辽东。丙辰（二十日）至安市城（寅恪案：在今辽宁盖平县东北），进兵攻之。丁巳（二十一日）北部耨萨延寿、惠真帅高丽、靺鞨兵十五万救安市。上谓侍臣曰："今为延寿策有三：引兵直前，连安市城为垒，攻之不可猝下，欲归则泥潦为阻，坐困吾军，上策也。拔城中之众，与之宵遁，中策也。来与吾战，下策也。"高丽有对卢，年老习事，谓延寿曰："为吾计者，莫若顿兵不战，旷日持久，遣奇兵断其运道，粮食既尽，求战不得，欲归无路，乃可胜也。"延寿不从，引军直进，去安市城四十里。江夏王道宗曰："高丽倾国以拒王师，平壤之守必弱，假臣精卒五千覆其本根，则数十万众可不战而降。”上不应。戊午（二十二日）诸军并进，高丽兵大溃，斩首二万余级。己未（二十三日）延寿、惠真帅其众三万六千八百人〔来〕降。获马五万匹，牛五万头，铁甲万领，佗器械称是。高丽举国大骇，上驿书报太子，更名所幸山曰驻跸山。秋七月（大尽）辛未（初五日）上徙营安市城东岭。上之克白岩也，谓李世勣曰：“吾闻安市城险而兵精，建安兵弱而粮少，公可先攻建安，建安下，则安市在吾腹中。”对曰：“建安在南，安市在北，吾军粮皆在辽东，若贼断吾粮道，将若之何？不如先攻安市，安市下，则取建安耳。”上曰：“以公为将，安得不用公策。”世勣遂攻安市，攻久不下。高延寿、惠真请于上曰：“安市人自为战，未易猝拔，乌骨城（寅恪案：在今辽宁盖平县东境地）耨萨老耄，不能坚守，移兵临之，朝至夕克，其余当道小城望风奔溃，鼓行而前，平壤必不守矣。”群臣亦曰：张亮在沙城（胡注云：沙城即卑沙城），召之，信宿可至。并力拔乌骨城，渡鸭绿水，直取平壤，在此举矣。上将从之，独长孙无忌以为建安城之虏众犹十万，若向乌骨，皆蹑吾后，不如先破安市，取建安，然后长驱而进，此万全之策也。上乃止。诸军急攻安市，江夏王道宗督众筑土山逼其城，昼夜不息，凡六旬，用功五十万。上以辽左早寒，草枯泉冻，士马难久留，且粮食将尽，九月（大尽。寅恪案：是年八月小尽）癸未（十八日）敕班师，命李世勣、江夏王道宗将步骑四万为殿。乙酉（二十日）至辽东。丙戌（二十一日）渡辽水。辽泽泥潦，车马不通，命长孙无忌将万人剪草填道，以车为梁，上自系薪于马鞘以助役。冬十月（小尽）丙申朔（初一日）上至蒲沟驻马，督填道诸军，渡勃错水（胡注云：蒲沟勃错水皆在辽泽中）。暴风雪，士卒沾湿，多死者。凡征高丽战士死者几二千人，战马死者什七八，上以不能成功，深悔之。叹曰："魏征若在，不使我有是行也。"命驰驿祀征以少牢，复立所制碑，召其妻子诣行在劳之。丙午（十一日）至营州，丙辰（二十一日）上闻太子奉迎将至，从飞骑三千人驰入临榆关（寅恪案：《通典》一七八《州郡典》北平郡平州卢龙县临榆关在县城东一百八十里据此当即今山海关地），道逢太子。上之发定州也，指所御褐袍谓太子曰："俟见汝，乃易此袍耳。"在辽左虽盛暑流汗弗之易，及秋穿败，左右请易之，上曰："军士衣多弊，吾独御新衣可乎？"至是太子进新衣，乃易之。十一月（大尽）辛未（初七日）车驾至幽州。庚辰（十六日）过易州境（寅恪案：今河北易县。《通典》一七八上谷郡易州，去西京二千一百九十七里，去东京一千四百六十二里），丙戌（二十二日）车驾至定州。壬辰（二十八日）车驾发定州。十二月（小尽）戊申（十四日）至并州（《通典》一七九《州郡典》太原府并州今理太原、晋阳二县，去西京一千三百里，去东京八百八十五里（寅恪案：唐代州治在今山西太原省会西南三十里）。

〔贞观〕二十年二月（大尽）乙未（初二日）上发并州。三月（小尽）己巳（初七日）车驾还京师（寅恪案：即今西安市）。上谓李靖曰："吾以天下之众困于小夷，何也？"靖曰："此道宗所解。"上顾问江夏王道宗，具陈在驻跸时乘虚取平壤之言。上怅然曰："当时匆匆，吾不忆也！"

寅恪案：唐太宗之伐高丽，于贞观十八年秋冬间着手准备，至半岁之后，即贞观十九年二月间太宗发洛阳，李世勣会集陆军即战斗主力于幽州，于是开始出动，盖非俟至气候稍暖之时不能于东北行军也。又历二月之久至五月初，李世勣军进至辽东城下，太宗亦于此时渡辽东，但为泥淖阻滞至一星期之久，始与世勣会兵，其军行已嫌迟缓，及攻围辽东城，经十有二日方能克之，已在五月中旬将尽之际矣。又顿兵安市，由六月二十日至九月十八日三月之久而不能克取其城。辽左秋晚气候转变，粮道不通，若不急速班师，则将全军覆没。江夏王道宗出奇之计，高延寿、惠真攻乌骨之策及太宗越安市先取建安之议实皆不可施行，只为快意之谈耳，观李世勣、长孙无忌等之言可知也。至太宗虽经寒暑不肯易弊褐一事传为美谈，实则太宗明知此役利在速战速决，若至秋季不能复衣褐袍之时，无论成败如何，断不能不班师归来，与太子相见。故不妨先作豪语，以收人心，斯亦英雄权谲之一端欤？又张亮等虽克卑沙，竟无大效者，殆以从海道攻高丽，与百济之关系甚大，观于同一李世勣之人在太宗贞观时不能克高丽，而在高宗总章时能灭其国者，固由敌人有内乱可乘，而百济先已取得，要为其主因之一也。其他史籍所载太宗伐高丽之功绩多是官书讳饰其失败之词，既不足信，故亦可不辨。

《新唐书》二二〇《东夷传·高丽传》（参《旧唐书》一九九上《东夷传·高丽传》、《唐会要》九五“高句丽”条）略云：

〔泉〕盖苏文死，子男生代为莫离支，与弟男建、男产相怨。男生据国内城，遣子献诚入朝求救，盖苏文弟亦请割地降。〔乾封元年〕九月〔龙〕同善破高丽兵，男生率师来会。以李勣为辽东道行军大总管，转燕赵食廥辽东。明年勣次新城，城人缚戍酋出降，勣进拔城十有六。郭待封以舟师济海趋平壤。三年（是岁改元总章）勣率〔薛〕仁贵拔扶余城，它城三十皆纳款。侍御史贾言忠计事还，帝（高宗）问："军中云何？"对曰："必克。先帝（太宗）问罪所以不得志者，虏未有衅也。今男生兄弟阋很，为我乡导，虏之情伪我尽知之，故曰必克。"男建以兵五万袭扶余，勣破之萨贺水上，进拔大行城，契苾何力会绩军于鸭绿，拔辱夷城，悉师围平壤。九月勣纵兵噪而入〔城〕，执〔高丽王高〕藏男建等，收凡五部百七十六城户六十九万，剖其地为都督府者九，州四十二，县百。后复置安东都护府，擢酋豪有功者，授都督刺史令，与华官参治，仁贵为都护，总兵镇之。总章二年大长钳（钳《通鉴》二〇一"咸享元年"条作剑）牟岑率众反，立藏外孙安舜为王。诏高偘〔等〕讨之，舜杀钳牟岑，走新罗。偘徙都护府治辽东州。仪凤二年授藏辽东都督，封朝鲜郡王，还辽东，以安余民。徙安东都护府于新城。藏以永淳初死，旧城往往入新罗，遗人散奔突厥靺鞨。

《旧唐书》一九九上《东夷传·新罗传》（参《新唐书》二二〇《东夷传·新罗传》、《唐会要》九五“新罗”条）略云：

> 太宗将亲伐高丽，诏新罗纂集士马，应接大军。新罗遣五万人入高丽南界，攻水口城，降之。〔贞观〕二十一年〔新罗王金〕善德卒，立其妹真德为王。永徽元年真德大破百济之众。三年真德卒，以春秋嗣立为新罗王。六年百济与高丽、靺鞨率兵侵其北界，攻陷三十余城，春秋遣使上表求救。显庆五年命左武卫大将军苏定方为熊津道大总管，统水陆十万，仍令春秋为嵎夷道行军总管与定方讨平百济，俘其王扶余义慈献于阙下。龙朔元年法敏袭王。咸亨五年纳高丽叛众，略百济地，守之。帝（高宗）怒，以其弟仁问为新罗王，自京师归国，诏刘仁轨〔等〕发兵穷讨，破其众于七重城。诏李谨行为安东镇抚大使，屯买肖城，三战，虏皆北，法敏遣使入朝谢罪，仁问乃还（自“龙朔元年”至“仁问乃还”一节为新传之文）。自是新罗渐有高丽、百济之地，其界益大，西至于海（寅恪案：《唐会要》云：“既尽有百济之地及高句丽南境，东西约九百里，南北约一千八百里”，语较明悉）。

《唐会要》九五“百济”条（参考《旧唐书》一九九上、《新唐书》二二〇《百济传》）略云：

百济者乃扶余之别种，当马韩之故地，大海之北，小海之南，东北至新罗，西至越州，南渡海至倭国，与新罗为仇雠。贞观十六年与高丽通和，以绝新罗入朝之道。太宗亲征高丽，百济怀二，数年之间朝贡遂绝。显庆五年八月十三日左卫大将军苏定方讨平之，虏其王义慈及太子崇将校五十八人送于京师。其国分为五部，统郡三十七，城二百，户七十六万。至是以其地置熊津、马韩、东明、金涟、德安等五都督府，各统州县，立其酋长为都督刺史县令，命左卫郎将王文度为都统，总兵以镇之。〔旧将〕福信与浮屠道琛反，迎故王子扶余丰于倭，立为王。龙朔元年〔刘〕仁轨发新罗兵往救，二年〔刘〕仁愿遣刘仁轨破〔其众〕，丰走，不知所在，诸城皆复。帝（高宗）以扶余隆为熊津都督，俾归国，平新罗故憾，招还遗人。麟德二年与新罗王会熊津，刑白马以盟，仁愿等还，隆畏众携散，亦归京师。（自“福信与浮屠道琛反”至“亦归京师”一节为新传之文。）

《新唐书》二一六上《吐蕃传》（参《旧唐书》一九六上《吐蕃传》及《旧唐书》八三《新唐书》一一一《薛仁贵传》）略云：

> 自是岁入边，破有诸羌羁縻十二州。总章中，议徙吐谷浑于凉州，傍南山。帝（高宗）刈吐蕃之入，召宰相等议先击吐蕃，议不决，亦不克徙。咸亨元年入残羁縻十八州，率于阗取龟兹拨换城，于是安西四镇并废。诏薛仁贵为逻娑道行军大总管，阿史那道真、郭待封副之，出讨吐蕃，并护吐谷浑还国，师凡十余万，至大非川，为钦陵所拒，王师败绩，遂灭吐谷浑，而有其地。

寅恪案：高丽时代高宗获胜之重要原因在乘高丽之内乱及据新罗、百济之形势。然既得其国，而终不能有，则以吐蕃炽盛，西北危急，更无余力经营东北。观其徙新克高丽胜将薛仁贵以讨吐蕃，而致大败之事可知也。自此以后，高丽废而新罗、渤海兴，唐室对于东北遂消极采退守维持现状之政策。惟大同江以南之地实际虽不能有，而名义尚欲保留，及至玄宗开元全盛之时，即此虚名亦予放弃，斯诚可谓唐代对外之一大事。兹特移录关系史料全文于下，治吾国中古史者读之，不能不为之惊心怵目，感叹不已也。

《册府元龟》九七一《外臣部·朝贡门》云：

> 〔开元二十四年〕六月，新罗王金兴光遣使贺献表曰："伏奉恩敕：浿江以南宜令新罗安置！臣生居海裔，沐化圣朝，虽丹素为心，而功无可效，以忠正为事，而劳不足赏。陛下降雨露之恩，发日月之诏，锡臣土境，广臣邑居，遂使垦辟有期，农桑得所，臣奉丝纶之旨荷荣宠之深，粉骨糜身，无由上答。"

南诏与其他外族盛衰之连环性，观前引关于吐蕃诸条，其概略已可推知。吐蕃之国势自贞元时开始衰弱，文宗以后愈见不振，中国自韦皋帅蜀，定与南诏合攻吐蕃之策，南诏屡得胜利，而中国未能增强，大和三年南诏遂陷邛、戎、巂三州，入掠成都（见《旧唐书》一九七《新唐书》二二二中《南蛮传·南诏传》，及《旧唐书》一九三《杜元颖传》、《新唐书》九六《杜如晦传附元颖传》），西川大困。《通鉴》二四九"大中十二年六月"条略云：

> 初安南都护李琢为政贪暴，群蛮怨怒，导南诏侵盗边

境，自是安南始有蛮患。

同书同卷“大中十三年末”条略云：

初，韦皋在西川开青溪道以通群蛮，使由蜀入贡。又选群蛮子弟，聚之成都教以书数，欲慰悦羁縻之。如是五十年，群蛮子弟学于成都者，殆以千数，军府颇厌于廪给。又蛮使入贡，利于赐与，所从傔人浸多，杜悰为西川节度使，奏请节减其数，诏从之。南诏丰祐怒，自是入贡不时，颇扰边境。会宣宗崩，中使告哀，丰祐亦卒，子酋龙立，礼遇〔使者〕甚薄。上（懿宗）以酋龙不遣使来告丧，又名近玄宗讳，遂不行册礼。酋龙乃自称皇帝，遣兵陷播州。

胡注云：

为南诏攻蜀攻交趾张本。

然则，宣宗末世南诏始大为边患。其强盛之原因则缘吐蕃及中国既衰，其邻接诸国俱无力足与为敌之故，此所谓外族盛衰连环性也。至中国内政所受之影响直关唐室之覆亡，不仅边境之患而已，当别于后述之，兹暂不涉及。又凡唐代中国与外族之关系今已论其重要者，其余虽从略，然可以前所言之义例推之也。

中国无论何代，即当坚持闭关政策之时，而实际终难免不与其他民族接触，李唐一代其与外族和平及战争互相接触之频繁，尤甚于以前诸朝，故其所受外族影响之深且巨，自不待言。但关于宗教文化者，固非今所论之范围，即直接有关内部政治者，亦只能举一二大事，以为例证，未遑详尽论述之也。

《邺侯家传》论府兵废止之原因，其一为长期兵役，取刘仁轨任洮河镇守使为例证（见《玉海》一三八《兵制·三》所引，《通鉴》二三二“贞元二年八月”条亦采自《邺侯家传》也）。盖唐代府兵之制其特异于西魏、北周之时期者，实在设置军府地域内兵农之合一。吐蕃强盛之长久，为与唐代接触诸外族之所不及，其疆土又延包中国西北之边境，故不能不有长期久戍之“长征健儿”，而非从事农业之更番卫士所得胜任。然则《邺侯家传》所述诚可谓一语破的，此吐蕃之强盛所给予唐代中国内政上最大之影响也。（关于府兵制前期问题，详见拙著《隋唐制度渊源略论稿·兵制》章，兹可不论，惟唐代府兵为兵农合一制一点，恐读者尚持叶水心兵农分离说而不之信，请略举一二例证，以祛其疑焉。一为《通典》六《食货典·赋税·下》载唐高宗龙朔三年七月制“卫士八等以下每年放还，令出军，仍免庸调”，此制之前载〔高祖武德〕九年三月诏“天下户立三等，未尽升降，宜为九等”之文。故可据以推定龙朔三年七月制中“八等”之“等”乃指户籍等第而言，然则此制与其初期仅籍六等以上豪户者不同，即此制已推广普及于设置军府地域内全部人民之确证也。二为戈本《贞观政要》二《直谏类》“贞观三年诏关中租税免二年”条（参《唐会要》八五“团貌”“杂录”条及《魏郑公谏录》）略云：

> 右仆射封德彝等并欲中男十八以上简点入军，敕三四出。〔魏〕徵奏以为不可。太宗怒，乃出敕：“中男以上虽未十八，身形壮大，亦取！”徵又不从。太宗曰：“中男若实小，自不点入军，若实大，亦可简取。”徵曰：“若次男以上尽点入军，租赋杂徭将何取给？且比年国家卫士不堪攻战岂为其少？若精简壮健，人百其勇，何必在多？”

《通鉴》一九二“武德九年十二月”亦载此事，胡注云：

唐制民年十六为中男，十八始成丁，二十一为丁，充力役。

据魏徵“租赋杂徭将何取给”之语推之，则当日人民未充卫士时亦须担负租赋杂徭之义务，是一人之身兼充兵务农之二业也，岂非唐代府兵制兵农合一之明证乎？斯事今不能详论，仅略述大意，附注于此。

回纥与中国摩尼教之关系，论者颇众，又不属本书范围，自可不言。其族类与中国接触，而影响及战时之财政经济者，亦非所欲论，兹仅略述回纥与中国在和平时期财政经济之关系于下：

《新唐书》五〇《兵志》云：

乾元后回纥恃功，岁入马取缯，马皆病弱不可用。

同书五一《食货志》云：

回纥有助收西京功，代宗厚遇之，与中国婚姻，岁送马十万匹，酬以缣帛百余万匹，而中国财力屈竭，岁负马价。

《旧唐书》一二七《源休传》略云：

〔回纥〕可汗使谓休曰："所欠吾马直绢一百八十万匹，当速归之！"

同书一九五《回纥传》（参《新唐书》二一七上《回鹘传》）略云：

回纥恃功，自乾元之后屡遣使以马和市缯帛，仍岁来市，以马一匹易绢四十匹（新传绢作缣）。动至数万马，其使候遣，继留于鸿胪寺者非一。蕃得帛无厌，我得马无用，朝廷甚苦之。是时特诏厚赐遣之，示以广恩，且俾知愧也。是月（大历八年十一月）回纥使使赤心领马一万匹来求市，代宗以马价出于租赋，不欲重困于民，命有司量入计，许市六千匹。〔贞观〕八年七月，以回纥药罗葛灵检校右仆射，仍给市马绢七万匹。回鹘请和亲，宪宗使有司计之，礼费约五百万贯，方内有诛讨，未任其亲。

《新唐书》二一七上《回鹘传》（参考《李相国论事集》）略云：

〔回鹘〕遣伊难珠再请昏，未报，可汗以三千骑至鹛鹈泉。于是振武以兵屯黑山，治天德城备虏。礼部尚书李绛奏言："北狄贪没，唯利是视，比进马规直，再岁不至，岂厌缯帛之利哉？殆欲风高马肥，而肆侵轶。北狄西戎素相攻讨，故边无虞。今回鹘不市马，若与吐蕃结约解雠，则将臣闭壁惮战，边人拱手受祸，臣谓宜听其昏，使守藩礼。或曰：降主费多，臣谓不然。我三分天下赋，以一事边，今东南大县赋岁二十万缗，以一县赋为昏赀，非损寡得大乎？今惜昏费不与，假如王师北征，兵非三万，骑五千，不能扞且驰也。又如保十全之胜，一岁辄罢，其馈饷供拟岂止一县赋哉？"帝（宪宗）不听。

《白氏长庆集》四《新乐府》云：

阴山道。疾贪虏也。

阴山道，阴山道，纥逻敦肥水泉好。每至戎人送马时，道旁千里无纤草。草尽泉枯马病羸，飞龙但印骨与皮。五十匹缣易一匹，缣去马来无了日。养无所用去非宜，每岁死伤十六七。缣丝不足女工苦，疏织短截充匹数。藕丝蛛网三丈余，回纥诉称无用处。咸安公主号可敦，远为可汗频奏论。元和二年下新敕，内出金帛酬马直。仍诏江淮马价缣，从此不令疏短织。合罗将军呼万岁，捧受金银与缯彩。谁知黠虏启贪心，明年马来多一倍。缣渐好，马渐多。阴山虏，奈尔何！

寅恪案：唐与回纥在和平时之关系中，马价为国家财政之一大问题，深可注意。李绛所言许昏回纥之利，宪宗岂是不知？而终不听者，实以中国财力有所不及，故宁可吝惜昏费，而侥幸其不来侵边境也。白香山《新乐府》之《阴山道》一诗即写当日之实状者，据《旧唐书》四八《食货志》（《通典》六《食货典·租税下》同）云：

开元八年正月敕："顷者以庸调无凭，好恶须准，故遣作样，以颁诸州，令其好不得过精，恶不得至滥，任土作贡，防源斯在。而诸州送物，作巧生端，苟欲副于斤两，遂则加其丈尺，至有五丈为匹者，理甚不然。阔一尺八寸，长四丈，同文共轨，其事久行，立样之时，亦载此数，若求两而加尺，甚暮四而朝三，宜令有司简阅，有逾于比年常例，丈尺过多，奏闻！"

然则唐代定制，丝织品以四丈为一匹，而回纥马价缣一匹长止三丈余，且疏织，宜召回纥之怨诉。唐室之应付此项财政困难问题，计出于无聊，抑又可知矣。

又回纥在和平时期，与唐代中国政府财政关系既如上述之例，其与中国人民经济关系亦有可略言者。《册府元龟》九七九《外臣部·和亲》门（参考《旧唐书》一三三《李晟传附惎传》）云：

> 大和五年六月有龙武大将军李惎之子某借回纥钱一万一千二百贯不偿，为回纥所诉，贬惎宣州别驾。下诏戒饬曰："如闻顷来京城内衣冠子弟及诸军使并商人百姓等多有举诸蕃客本钱，岁月稍深，征索不得，致蕃客停滞，市易不合及时。自今以后，诸色人宜准敕互市外，不得辄与蕃客交关，委御史台及京兆府切加捉搦，仍即作件闻奏，其今日已前所欠负委府县速与惩理处分！"

又《新唐书》二一七上《回鹘传》（参考《旧唐书》一二七《张光晟传》及《通鉴》二二六"建中元年八月甲午"条）云：

始回纥至中国，常参以九姓胡，往往留京师，至千人，居赀殖产甚厚。（上篇已引。）

据《新唐书》二二一下《西域传·康国传》（上篇已引），九姓胡即中亚昭武九姓族类，所谓西域贾胡者是也。其假借回纥势力侨居中国，居赀殖产，殆如今日犹太商人假借欧美列强势力来华通商致富之比耶？斯亦唐代中国在和平时期人民所受外族影响之一例也。

《新唐书》一四八《康日知传附承训传》（参考《旧唐书》一九上《懿宗纪》“咸通四年、五年、九年、十年”诸条，及《新唐书》一一四《崔融传附彦曾传》等）略云：

咸通中南诏复盗边，武宁兵七百戍桂州（寅恪案：《新唐书》六五《方镇表》武宁军节度使治徐州），六岁不得代。列校许佶、赵可立因众怒，杀都将，诣监军使丐粮铠北还，不许，即擅斧库，劫战械，推粮料判官庞勋为长，勒众上道。懿宗遣中人张敬思部送，诏本道观察使崔彦曾尉安之，次潭州，监军诡夺其兵，勋畏必诛，篡舟循江下，益裒兵，招亡命，遂入徐州，据之。帝遣中人康道隐宣慰徐州，道隐还，固求节度。帝乃拜承训检校尚书右仆射义成军节度使徐泗行营都招讨使，率魏博、鄜延、义武、凤翔、沙陀吐浑兵二十万讨之。勋以〔其父〕举直守徐州（承训使降将张玄稔破徐州），勋闻徐已拔，自石山而西，所在焚掠。承训悉兵八万逐北，沙陀将朱邪赤衷急追。至宋州，勋焚南城，为刺史郑处冲所破，将南趋亳。承训兵循涣而东，贼走蕲县，官兵断桥，不及济，承训乃纵击之，斩首万级，余皆溺死，阅三日，得勋尸。

《旧唐书》一九下《僖宗纪》（参考《旧唐书》一六一《李光颜传》，《新唐书》一六五《郑余庆传附从谠传》、一六七《王播传附式传》、一七一《李光颜传》、一八八《杨行密传》、一八九《高仁厚传》、二〇八《宦者传·下·田令孜传》、二一四《藩镇泽潞刘悟传》，又同书四三下《地理志》“羁縻州”“回纥州”“鸡田州”条、六四《方镇表》“兴凤陇”栏“大中五年”条等）略云：

〔乾符四年〕十二月贼（黄巢）陷江陵之郛，〔荆南节度使杨〕知温求援于襄阳，山南东道节度使李福悉其师援之。时沙陀军五百骑在襄阳，军次荆门，骑军击贼，败之，贼尽焚荆南郛郭而去。

〔中和三年〕四月庚辰收复京城，天下行营兵马都监杨复光上章告捷曰："雁门节度使李克用杀贼无非手刃，入阵率以身先，忠武黄头军使庞从等三十二都随李克用自光泰门入京师，力摧凶逆。伏自收平京国，三面皆立大功，若破敌摧锋，雁门实居其首。"五月王铎罢行营都统。时中尉田令孜用事，自负帷幄之功，以铎用兵无功，而由杨复光建策召沙陀，成破贼之效，欲权归北司，乃黜王铎，而悦复光也（"中和三年五月"条中篇已引）。

寅恪案：唐中央政府战胜庞勋、黄巢，实赖沙陀部落之助，盖府兵制度破坏已久之后，舍胡兵外，殆不易得其他可用之武力也。至黄头军疑出自回纥，与沙陀同为胡族。兹以其问题复杂，史料阙少，未能于此详论。总之，观于唐季朝廷之忍耻曲宥沙陀，终收破灭黄巢之效，则外族与内政关系之密切可以推知也。

又《新唐书》二二二中《南蛮传·南诏传》（参《通鉴》二五三"广明元年"条及胡注）云：

会西川节度使陈敬瑄重申和议，时卢携复辅政，与豆卢瑑皆厚〔主和之高〕骈，乃谲说帝（僖宗）曰："宣宗皇帝收三州七关，平江岭以南，至大中十四年内库赀积如山，户部延资充满，故宰相〔白〕相敏中领西川，库钱至三百万缗，诸道亦然。咸通以来，蛮始叛命，再入安南邕管，一破黔州，四盗西川，遂围卢耽，召兵东方，戍海门，天下骚动，十有五年，赋输不内京师者过半，中藏空虚，士死瘴疠，燎骨传灰，人不念家，亡命为盗，可为痛心！”

自咸通以后，南诏侵边，影响唐财政及内乱颇与明季之“辽饷”及流寇相类，此诚外患与内乱互相关系之显著例证也。夫黄巢既破坏东南诸道财富之区（见上篇所引《旧唐书》一四《宪宗纪·上》元和二年十二月己卯史官李吉甫撰《元和国计簿》条），时溥复断绝南北运输之汴路（详见崔致远《桂苑笔耕集》及拙著《〈秦妇吟〉校笺》），借东南经济力量及科举文化以维持之李唐皇室，遂不得不倾覆矣。史家推迹庞勋之作乱，由于南诏之侵边，而勋之根据所在适为汴路之咽喉，故宋子京曰：“唐亡于黄巢，而祸基于桂林。”（《新唐书·南诏传》论）呜呼！世之读史者倘亦有感于斯言欤？

国家新闻出版广电总局

首届向全国推荐中华优秀传统文化普及图书

大家小书书目

国学救亡讲演录	章太炎 著 蒙 木 编
门外文谈	鲁 迅 著
经典常谈	朱自清 著
语言与文化	罗常培 著
习坎庸言校正	罗 庸 著 杜志勇 校注
鸭池十讲（增订本）	罗 庸 著 杜志勇 编订
古代汉语常识	王 力 著
国学概论新编	谭正璧 编著
文言尺牍入门	谭正璧 著
日用交谊尺牍	谭正璧 著
敦煌学概论	姜亮夫 著
训诂简论	陆宗达 著
金石丛话	施蛰存 著
常识	周有光 著 叶 芳 编
文言津逮	张中行 著
经学常谈	屈守元 著
国学讲演录	程应镠 著
英语学习	李赋宁 著
中国字典史略	刘叶秋 著
语文修养	刘叶秋 著
笔祸史谈丛	黄 裳 著
古典目录学浅说	来新夏 著
闲谈写对联	白化文 著
汉字知识	郭锡良 著
怎样使用标点符号（增订本）	苏培成 著
汉字构型学讲座	王 宁 著

诗境浅说	俞陛云 著
唐五代词境浅说	俞陛云 著
北宋词境浅说	俞陛云 著
南宋词境浅说	俞陛云 著
人间词话新注	王国维 著 滕咸惠 校注
苏辛词说	顾 随 著 陈 均 校
诗论	朱光潜 著
唐五代两宋词史稿	郑振铎 著
唐诗杂论	闻一多 著
诗词格律概要	王 力 著
唐宋词欣赏	夏承焘 著
槐屋古诗说	俞平伯 著
词学十讲	龙榆生 著
词曲概论	龙榆生 著
唐宋词格律	龙榆生 著
楚辞讲录	姜亮夫 著
读词偶记	詹安泰 著
中国古典诗歌讲稿	浦江清 著 浦汉明 彭书麟 整理
唐人绝句启蒙	李霁野 著
唐宋词启蒙	李霁野 著
唐诗研究	胡云翼 著
风诗心赏	萧涤非 著 萧光乾 萧海川 编
人民诗人杜甫	萧涤非 著 萧光乾 萧海川 编
唐宋词概说	吴世昌 著
宋词赏析	沈祖棻 著
唐人七绝诗浅释	沈祖棻 著
道教徒的诗人李白及其痛苦	李长之 著
英美现代诗谈	王佐良 著 董伯韬 编
闲坐说诗经	金性尧 著
陶渊明批评	萧望卿 著

古典诗文述略	吴小如　著
诗的魅力 ——郑敏谈外国诗歌	郑　敏　著
新诗与传统	郑　敏　著
一诗一世界	邵燕祥　著
舒芜说诗	舒　芜　著
名篇词例选说	叶嘉莹　著
汉魏六朝诗简说	王运熙　著　董伯韬　编
唐诗纵横谈	周勋初　著
楚辞讲座	汤炳正　著 汤序波　汤文瑞　整理
好诗不厌百回读	袁行霈　著
山水有清音 ——古代山水田园诗鉴要	葛晓音　著
红楼梦考证	胡　适　著
《水浒传》考证	胡　适　著
《水浒传》与中国社会	萨孟武　著
《西游记》与中国古代政治	萨孟武　著
《红楼梦》与中国旧家庭	萨孟武　著
《金瓶梅》人物	孟　超　著　张光宇　绘
水泊梁山英雄谱	孟　超　著　张光宇　绘
水浒五论	聂绀弩　著
《三国演义》试论	董每戡　著
《红楼梦》的艺术生命	吴组缃　著　刘勇强　编
《红楼梦》探源	吴世昌　著
《西游记》漫话	林　庚　著
史诗《红楼梦》	何其芳　著 王叔晖　图　蒙　木　编
细说红楼	周绍良　著
红楼小讲	周汝昌　著　周伦玲　整理

曹雪芹的故事　周汝昌　著　周伦玲　整理
古典小说漫稿　吴小如　著
三生石上旧精魂
——中国古代小说与宗教　白化文　著
《金瓶梅》十二讲　宁宗一　著
中国古典小说十五讲　宁宗一　著
古体小说论要　程毅中　著
近体小说论要　程毅中　著
《聊斋志异》面面观　马振方　著
《儒林外史》简说　何满子　著

我的杂学　周作人　著　张丽华　编
写作常谈　叶圣陶　著
中国骈文概论　瞿兑之　著
谈修养　朱光潜　著
给青年的十二封信　朱光潜　著
论雅俗共赏　朱自清　著
文学概论讲义　老　舍　著
中国文学史导论　罗　庸　著　杜志勇　辑校
给少男少女　李霁野　著
古典文学略述　王季思　著　王兆凯　编
古典戏曲略说　王季思　著　王兆凯　编
鲁迅批判　李长之　著
唐代进士行卷与文学　程千帆　著
说八股　启　功　张中行　金克木　著
译余偶拾　杨宪益　著
文学漫识　杨宪益　著
三国谈心录　金性尧　著
夜阑话韩柳　金性尧　著
漫谈西方文学　李赋宁　著
历代笔记概述　刘叶秋　著

周作人概观	舒　芜　著
古代文学入门	王运熙　著　董伯韬　编
有琴一张	资中筠　著
中国文化与世界文化	乐黛云　著
新文学小讲	严家炎　著
回归，还是出发	高尔泰　著
文学的阅读	洪子诚　著
中国文学1949—1989	洪子诚　著
鲁迅作品细读	钱理群　著
中国戏曲	么书仪　著
元曲十题	么书仪　著
唐宋八大家 ——古代散文的典范	葛晓音　选译

辛亥革命亲历记	吴玉章　著
中国历史讲话	熊十力　著
中国史学入门	顾颉刚　著　何启君　整理
秦汉的方士与儒生	顾颉刚　著
三国史话	吕思勉　著
史学要论	李大钊　著
中国近代史	蒋廷黻　著
民族与古代中国史	傅斯年　著
五谷史话	万国鼎　著　徐定懿　编
民族文话	郑振铎　著
史料与史学	翦伯赞　著
秦汉史九讲	翦伯赞　著
唐代社会概略	黄现璠　著
清史简述	郑天挺　著
两汉社会生活概述	谢国桢　著
中国文化与中国的兵	雷海宗　著
元史讲座	韩儒林　著

魏晋南北朝史稿	贺昌群　著
汉唐精神	贺昌群　著
海上丝路与文化交流	常任侠　著
中国史纲	张荫麟　著
两宋史纲	张荫麟　著
北宋政治改革家王安石	邓广铭　著
从紫禁城到故宫 ——营建、艺术、史事	单士元　著
春秋史	童书业　著
明史简述	吴　晗　著
朱元璋传	吴　晗　著
明朝开国史	吴　晗　著
旧史新谈	吴　晗　著　习　之　编
史学遗产六讲	白寿彝　著
先秦思想讲话	杨向奎　著
司马迁之人格与风格	李长之　著
历史人物	郭沫若　著
屈原研究（增订本）	郭沫若　著
考古寻根记	苏秉琦　著
舆地勾稽六十年	谭其骧　著
魏晋南北朝隋唐史	唐长孺　著
秦汉史略	何兹全　著
魏晋南北朝史略	何兹全　著
司马迁	季镇淮　著
唐王朝的崛起与兴盛	汪　篯　著
南北朝史话	程应镠　著
二千年间	胡　绳　著
论三国人物	方诗铭　著
辽代史话	陈　述　著
考古发现与中西文化交流	宿　白　著
清史三百年	戴　逸　著

清史寻踪	戴　逸　著
走出中国近代史	章开沅　著
中国古代政治文明讲略	张传玺　著
艺术、神话与祭祀	张光直　著 刘　静　乌鲁木加甫　译
中国古代衣食住行	许嘉璐　著
辽夏金元小史	邱树森　著
中国古代史学十讲	瞿林东　著
历代官制概述	瞿宣颖　著
宾虹论画	黄宾虹　著
中国绘画史	陈师曾　著
和青年朋友谈书法	沈尹默　著
中国画法研究	吕凤子　著
桥梁史话	茅以升　著
中国戏剧史讲座	周贻白　著
中国戏剧简史	董每戡　著
西洋戏剧简史	董每戡　著
俞平伯说昆曲	俞平伯　著　陈　均　编
新建筑与流派	童　寯　著
论园	童　寯　著
拙匠随笔	梁思成　著　林　洙　编
中国建筑艺术	梁思成　著　林　洙　编
沈从文讲文物	沈从文　著　王　风　编
中国画的艺术	徐悲鸿　著　马小起　编
中国绘画史纲	傅抱石　著
龙坡谈艺	台静农　著
中国舞蹈史话	常任侠　著
中国美术史谈	常任侠　著
说书与戏曲	金受申　著
世界美术名作二十讲	傅　雷　著

中国画论体系及其批评　李长之　著

金石书画漫谈　启　功　著　赵仁珪　编

吞山怀谷

——中国山水园林艺术　汪菊渊　著

故宫探微　朱家溍　著

中国古代音乐与舞蹈　阴法鲁　著　刘玉才　编

梓翁说园　陈从周　著

旧戏新谈　黄　裳　著

民间年画十讲　王树村　著　姜彦文　编

民间美术与民俗　王树村　著　姜彦文　编

长城史话　罗哲文　著

天工人巧

——中国古园林六讲　罗哲文　著

现代建筑奠基人　罗小未　著

世界桥梁趣谈　唐寰澄　著

如何欣赏一座桥　唐寰澄　著

桥梁的故事　唐寰澄　著

园林的意境　周维权　著

万方安和

——皇家园林的故事　周维权　著

乡土漫谈　陈志华　著

现代建筑的故事　吴焕加　著

中国古代建筑概说　傅熹年　著

简易哲学纲要　蔡元培　著

大学教育　蔡元培　著

北大元培学院　编

老子、孔子、墨子及其学派　梁启超　著

春秋战国思想史话　嵇文甫　著

晚明思想史论　嵇文甫　著

新人生论　冯友兰　著

中国哲学与未来世界哲学	冯友兰　著
谈美	朱光潜　著
谈美书简	朱光潜　著
中国古代心理学思想	潘　菽　著
新人生观	罗家伦　著
佛教基本知识	周叔迦　著
儒学述要	罗　庸　著　杜志勇　辑校
老子其人其书及其学派	詹剑峰　著
周易简要	李镜池　著　李铭建　编
希腊漫话	罗念生　著
佛教常识答问	赵朴初　著
维也纳学派哲学	洪　谦　著
大一统与儒家思想	杨向奎　著
孔子的故事	李长之　著
西洋哲学史	李长之　著
哲学讲话	艾思奇　著
中国文化六讲	何兹全　著
墨子与墨家	任继愈　著
中华慧命续千年	萧萐父　著
儒学十讲	汤一介　著
汉化佛教与佛寺	白化文　著
传统文化六讲	金开诚　著　金舒年　徐令缘　编
美是自由的象征	高尔泰　著
艺术的觉醒	高尔泰　著
中华文化片论	冯天瑜　著
儒者的智慧	郭齐勇　著
中国政治思想史	吕思勉　著
市政制度	张慰慈　著
政治学大纲	张慰慈　著
民俗与迷信	江绍原　著　陈泳超　整理

政治的学问	钱端升　著　钱元强　编
从古典经济学派到马克思	陈岱孙　著
乡土中国	费孝通　著
社会调查自白	费孝通　著
怎样做好律师	张思之　著　孙国栋　编
中西之交	陈乐民　著
律师与法治	江　平　著　孙国栋　编
中华法文化史镜鉴	张晋藩　著
新闻艺术（增订本）	徐铸成　著
经济学常识	吴敬琏　著　马国川　编
中国化学史稿	张子高　编著
中国机械工程发明史	刘仙洲　著
天道与人文	竺可桢　著　施爱东　编
中国医学史略	范行准　著
优选法与统筹法平话	华罗庚　著
数学知识竞赛五讲	华罗庚　著
中国历史上的科学发明（插图本）	钱伟长　著

出版说明

“大家小书”多是一代大家的经典著作，在还属于手抄的著述年代里，每个字都是经过作者精琢细磨之后所拣选的。为尊重作者写作习惯和遣词风格、尊重语言文字自身发展流变的规律，为读者提供一个可靠的版本，“大家小书”对于已经经典化的作品不进行现代汉语的规范化处理。

提请读者特别注意。

北京出版社